설교가 전달되지 않는
18가지 이유

설교가 전달되지 않는 18가지 이유

제1판 1쇄 발행 1998년 2월 28일
제2판 1쇄 발행 2009년 3월 20일
제2판 6쇄 발행 2024년 8월 30일

지은이 박영재
발행인 김용성
펴낸곳 요단출판사
         07238 서울특별시 영등포구 국회대로 76길 10
기 획 (02)2643-9155
보 급 (02)2643-7290 Fax (02)2643-1877
등 록 1973. 8. 23. 제13-10호

ⓒ 박영재 2009

값 13,000원
ISBN 978-89-350-1214-5 03230

이 책의 저작권은 저자가 소유하고 있습니다.
신 저작권법에 의하여 한국 내에서 보호 받는 저작물이므로 무단 전재와 무단 복제를 금합니다.

설교가 전달되지 않는
18가지 이유

박영재 지음

요단

■ 추천하는 말

설교학의 처녀림에 도전하는 수고

설교는 커뮤니케이션입니다.
설교가 전달되지 않는다면
아무리 훌륭한 내용을 담고 있어도
그것은 유산된 생명일 수밖에 없습니다.
그런데 뜻밖에도 오늘의 설교학에서
가장 진지하게 연구되지 못하고
소홀히 다뤄진 분야가 바로 전달의 영역입니다.

박영재 목사님의 또 한 권의 역작
「설교가 전달되지 않는 18가지 이유」는
이런 탐험이 보류된 설교학의 처녀림
전달의 정글에 도전하는 개척자의 수고로
설교의 아마추어들은 지혜로운 가이드를,
설교의 프로들은 조심스러운 자기 진단의
체크리스트를 얻게 되었습니다.

이 책에서 저자는 이론과 실제의 균형을 이루며
가장 현대적인 커뮤니케이션의 이론과 함께
실제적인 설교의 예증을 들어

전달의 효율성을 주목하게 하였습니다.
동시에 그는 전달의 기술의 함정에만 빠지지 않도록
하나님 중심, 기도 중심의 커뮤니케이션을 추구하게 합니다.
이 책이 하나님의 말씀을 충성되이 전달하는
사명을 가진 한국교회의 모든 설교자들에게
귀한 도전과 길잡이가 되기를 바랍니다.

지구촌교회 목사

이동원

■ 추천하는 말

최소한의 원리와 모델이 갖는 힘

박영재 목사님이 또 하나의 폭탄을 설교자들의 운동장에 던집니다. 지난번에 펴낸「설교자가 꼭 명심할 9가지 설득의 법칙」은 출간되자마자 지금까지도 베스트셀러 목록 1위를 지키고 있습니다. 그런데 이번에는 "왜 내 설교는 교인들에게 잘 먹혀 들어가지 않는가?"를 주제로 이 문제를 늘 스스로에게 질문해오고 있는 수많은 목회자들에게 '설교가 전달되지 않는 18가지 이유'를 분석하고 해결책을 제시해주고 있습니다. 특히 나쁜 예와 좋은 예를 대조해가며 구체적인 예를 들어 설명하고 있는 점이 돋보입니다. 목회자들의 사역에 있어서 가장 큰 부담인 설교 만들기에 도움을 주려고 또다시 귀중한 시도를 했습니다.

설교에 대한 좋은 연구서적은 화장품과도 같습니다. 어느 여자를 막론하고 아름다워지고 싶은 욕구가 있습니다. 화장품 하나가 한 여자를 조금이라도 더 아름답게 만들어주었다는 소문이 나면, 그 화장품은 불티나게 팔려나갈 것입니다. 설교연구서도 마찬가지입니다. 수없이 많은 설교를 하면서도 자신에게도 만족이 없고 듣는 이들에게도 은혜를 전하지 못해 늘 죄의식을 안고 사는 것이 목회자들의 아린 가슴이라고 할 수 있습니다.

"성공하려면 성공하는 사람들이 하는 대로 하라."는 말이 있습니다. 설교학은 연구의 대상으로서 학문이기도 하지만 사실상 예술과도 같습니다. 좋은 설교는 반드시 좋은 원리에서만 나오는 것은 아닙니다. 많은 경험을 통해 긋는 숙련된 미술인의 붓 한 스트로크가 보통 사람의 것과 다르듯이 목회자의 설교도 마찬가지입니다. 전달이 잘 안 되는 방법으로 계속 설교를 하고 있는데, 그 설교에 발전이 있을 리는 없습니다.

최소한 어떻게 했을 경우 전달이 잘 안 되는지, 또 어떻게 하면 더 효과가 있는지를 연구하여 정리해둔 기본적 원리들을 살펴보며 자신의 설교를 검토해간다면, 더 나은 방향으로 설교를 해나갈 수 있을 것입니다. 그러므로 최소한 분명한 목표와 방향은 설정되어 있어야 합니다. 모델이 설정되어 있지 않은 경우에는 아무리 훈련을 반복해도 올바른 목적지에 도달할 수가 없습니다.

박영재 박사님의 이 책을 통해서 몇 명의 목회자라도 다음 주 설교가 잘 전달되는 설교로 바뀐다면 이 책은 가치가 있습니다. 한국의 수많은 설교자들이 설교의 부담에서 해방되고 설교를 준비하고 전달하는 것이 즐거운 사역이 되기를 기도하며 이 책을 추천합니다.

횃불트리니티 신학대학원 대학교
명예총장 **김 상 복** 목사

■ 서문

좋은 설교에 대한 열정 하나로

저는 요즘 설교에 미친 듯 싶습니다. 자나깨나 설교만을 생각하니까요. 고속버스 안에서, 운전하면서, 차를 마시면서, 그 어디서든지 틈만 나면 "왜 설교는 효과적으로 전달되지 않을까?"에 대한 명상에 잠깁니다. 설교의 문제와 원인이 발견되면, 밭에 감추인 보화를 발견한 농부처럼 기쁨의 탄성을 지르기도 합니다. 그리고 문제에 대한 해결책을 찾아낼 때는 무어라 형언할 수 없는 기쁨에 젖으며 하나님께 감사했습니다. 잠들기 직전에도 생각의 파편들이 스쳐지나갈 때 즉시 일어나 컴퓨터에 입력하느라 잠을 설치기도 했습니다. 때로는 식사도 잊은 채 컴퓨터에 앉아 있곤 했습니다. 「설교가 전달되지 않는 18가지 이유」는 바로 이렇게 해서 세상에 나오게 되었습니다.

「설교자가 꼭 명심할 9가지 설득의 법칙」에 이어 또다시 이 책을 하나님과 설교자들 앞에 내놓게 되어 참으로 기쁩니다. 이 책이 나오기까지 전국 각지에서 "또 다른 책을 내달라."는 불같은 성화(?)를 아끼지 않으신 목회자들의 성원이 있었습니다. 또 「설교자가 꼭 명심할 9가지 설득의 법칙」을 읽고 신선한 충격을 받은 독자들의 후원이 있었습니다. 이 책은 결국, 설교에 대한 열정에 사로잡힌 사람, 즉 보다 나은 설교를 만들고 싶은 간절한 심정을 지닌 설교자들의 몫일 수밖에 없습니다. 왜냐하면 그분들의 열렬한 성원과 기대가 없었다면 이 책이 나올 수 없었기 때문입니다. 이 책으로 말미암아 목사님들의 설교 사역에 조금이나마 보탬이 된다면 더 이상 바랄 것이 없습니다.

 이 책을 쓰면서 저는 가능한 한 학문적 색채를 없애려 하였습니다. 괜스레 학문적 냄새가 나면 글 자체나 내용이 딱딱해져 독자들이 질리게 되지나 않을까 염려되었기 때문입니다. 유익하면서도 읽기 쉬운 책이 되게 하고자 했을 뿐입니다. 또 선명한 이해를 위해서 비교 설명이나 실례들을 열거했습니다. 특히 부족한 저의 설교의 경험들을 주로 인용했습니다. 저의 설교 스타일이 독자들께 조금이라도 도움이 되었으면 합니다.

효성교회 목양실에서
박영재

■ 들어가는 말

원론 수준을 뛰어넘는 설교호흡법

'97년 8월에 나는 서울의 모 교회 저녁예배를 참석한 적이 있다. 약 3천여 명이 들어갈 수 있는 예배당에 백여 명 정도의 신자들만이 모여 있었다. 목회자들의 가족과 몇몇 열심있는 집사들과 장로들만이 참석한 예배였다. 그 교회 부목사가 설교를 하는데, 청중들의 마음을 열어주려는 의지는 보이지 않았다. 아니 열어주는 방법을 전혀 알지 못하는 눈치였다. 준비한 원고를 열심히 읽다시피하며 혼자만 알아들을 듯한 말을 이어나갔다. 설교가 선포되는 동안 청중들은 별 반응이 없는 냉랭한 분위기였다. 설교자는 미안하고 겸연쩍은 생각이 들었는지 허공과 원고를 번갈아 보아가며 설교했다. 청중 가운데 한 사람인 내게도 마음에 와닿는 것이 없었다.

이렇게 설교가 끝나고 예배도 끝났다. 예배는 100퍼센트 옛날방식이었다. 현대인의 심리적 요소가 고려되지 않은, 즉 현대인의 감각에 어울리지 않는 예배였다. 10년 전만 해도 저녁예배에 성도의 숫자가 예배당을 가득 메웠고, 예배드리는 성도들의 반응도 이렇게 미지근하지 않았다는 얘기를 전해 들었다. 한국교회 위기의 현주소에 와 있는 것 같았다. 나는 '예배나 설교가 내 마음에 와닿도록 만들 수 있었더라면…' 하며 혼자 중얼거렸다. 안타까움을 간직한 채 집에 돌아왔으나 그 날 밤 잠을 제대로 이룰 수 없었다.

열심히 외친 설교가 청중에게 전혀 전달되지 않는다면 얼마나 큰 비극인가? 청중의 마음에 와닿지도 않은 채 한낱 시간 때우기식으로 지나가는 설교, 그것을 눈치챈 성도들이 설교에서 아무것도 기대하지 않은 채 잠잘 생각이나 자세를 취하게 만드는 설교, 예배를 마친 후, 귀가하는 청중들의 마음속에 '다음 주에 또 올 필요가 있을까?' 하는 회의적인 반응을 불러일으키는 설교, 청중들의 비신앙적 태도나 행동에 아무런 도전을 주지 못하는 설교, 즉 그들의 삶을 변화시키는 데 아무런 영향도 줄 수 없는 죽은 설교가 행해진다면 얼마나 안타까운 일인가 말이다.

그러나 놀랍게도 이런 죽은 설교는 우리 주변에 산재해 있다. 아니 너무 많아서 탈이다. 설교를 통해서 영적 유익을 얻을 수 없는 성도들이 아예 설교 듣기를 포기했다. 하나님 말씀의 기갈 현상이다. 이 기갈은 청중의 영혼을 메마르게 하였을 뿐 아니라 그들의 영적 삶에 결실을 맺도록 주도하지도 못했다. 그 결과 청중들이 교회를 떠나고 교회를 등지게 만들었다.

개척교회가 살아남기 매우 어려운 상황이 지속되고 있다. 통계에 따르면 1년에 2천여개의 교회가 문을 닫고 있다. '94년 이후 매년 3-4퍼센트 정도의 기독교 인구가 감소하고 있다. 그 이유가 무엇일까? 변화된 사회 상황 때문일까? 물론 그렇다. 변질된 청중들의 의식 구조 때문일까? 이보다 더 큰 이유는 사탄의 집요한 전략에 우리 청중이 넘어가기 때문이다. 그러면 우리의 설교 사역은 어떠한가? 세속으로 넘어가고 사탄에게 넘어가는 우리 청중들을 하나님 앞으로 돌아오게 하는 데 우리의 설교는 충분한 힘을 발휘했는가? 아니다. 절대 아니다.

내가 지금껏 선포한 수많은 설교들 가운데 청중에게 제대로 전달되지 않은 설교들이 많이 있음을 고백한다. 아니 좀더 솔직히 말해서 매우 많이 있으리라고 생각한다. 이러한 고백은 나뿐 아니고 모든 설교자들에게도 해당될 것이다. 설교자가 '오늘은 분명 은혜로운 설교였다'고 확신하는데도 청중들에게는 은혜롭게 전달되지 않을 수도 있다. 반대로 "목사님, 은혜받았습니다." 하는 성도들의 인사를 들으면서도 설교자는 '내 설교가 제대로 전달되지 않은 것 같은데…' 하는 생각을 할 때가 있다. 무엇보다 설교를 하고 난 후 강대상을 내려오면서 '왜 내 설교는 전달되지 않을까?' 하고 참담한 심정에 휩싸일 때가 많다. 이런 고민 속에서도 자신의 설교가 더 나아지게 하려는 노력이 수포로 돌아가는 이유는 무엇일까? 이런 고민을 해결하려고 이곳저곳 세미나를 다녀보아도 설교가 달라지지 않는 것은 무슨 이유 때문일까?

여기에는 몇 가지 이유가 있다. 첫째, 설교자 자신이 설교를 잘하고자 하는 불같은 열정을 포기하기 때문이다. 세미나를 통해서도 자극을 받을 그때뿐, 시간이 지나면서 설교에 대한 열정이 식어 들고 옛 습관으로 되돌아가기 때문이다. 둘째는 다 그런 것은 아니지만 일반적으로 설교 세미나들이 원론적인 가르침에서 머물고 그 이상으로 발전시키지 못하기 때문이다. 설교 세미나들이 설교자들의 설교에 무엇이 문제인가를 깨닫게 하고 문제있는 부분을 구체적으로 어떻게 교정해야 할 것인가에 대한 가르침에 침묵해왔다. 단지 설교 초보자들에게 어떻게 설교를 만들 것인가에 대한 기본틀만을 가르쳐주거나 강해설교의 원리만이 강조된 채 목회자의 설교의 문제점들은 여전히 숙제로 남아 있는 상태이다.

 게다가 시중에 나와있는 설교학 교과서들이나 지침서들 가운데 상당수가 원론적인 내용만을 주로 강조하고 있을 뿐이다. 즉 무엇을 설교해야 하는가(설교의 내용), 어떤 자세로 설교해야 하는가(설교자의 자세), 어떻게 설교를 만들어야 하는가(간단한 기본틀) 등의 내용들이 주류를 이루고 있다. 이것은 비단 한국뿐만 아니라 미국에서도 마찬가지이다. 그러나 5년이나 10년 또는 그 이상의 오랜 시간 동안 설교해온 목회자들은 설교의 원론적인 수준을 벗어나고 싶어하며, 자신들의 설교의 문제점을 고쳐줄 수 있는 지침을 알고 싶어한다. 즉 자신들의 설교가 어떻게 해야 더 효과적으로 전달될 것인가에 대한 해답을 찾고자 한다. 이를 위해서 자신들의 설교에 문제점이 무엇인지를 알고 싶어하며 드러난 설교의 문제점이 어떻게 해야 더 나은 방향으로 고쳐지고 해결될 수 있는지를 알고 싶어한다.

 이 책은 기존의 설교학 책들과는 달리 설교의 문제를 안고 고민하는 설교자들을 구체적으로 돕기 위해 쓰여진 책이다. 즉 설교자들의 일반적인 문제들을 끄집어내고 그 문제들을 해결할 방안을 제시한 것이다. 독자들이 이 책을 읽으면서 '이 문제가 바로 내 설교의 핵심적인 문제였구나' 하는 것을 발견하고, '바로 이 제안이 내 설교 문제의 해결책이구나' 하는 확신을 갖는다면 더 이상 바랄 게 없다. 나는 바로 이러한 면을 돕기 위해 이 책을 집필하게 되었다. 이 책을 읽는 동안 독자들이 자신들의 설교의 문제점을 깨닫고 해결책을 찾아내게 된다면, 그 설교자는 설교에 있어서 이미 상당한 발전을 가져왔고 앞으로도 계속 발전하리라 의심치 않는다.

물론 나의 첫번째 책 「설교자가 꼭 명심할 9가지 설득의 법칙」을 통해서 독자들은 이미 여러 면에서 설교에 도움을 얻었으며 도전을 받았으리라 생각한다. 그러나 「설교가 전달되지 않는 18가지 이유」는 설교의 문제점과 해결방안에 대해 자극을 주는 설교 안내서이다. 일종의 설교 클리닉(Clinic)인 셈이다.

나는 이를 위해 설교가 전달되지 않는 18가지 이유를 찾아내었다. 물론 설교가 전달되지 않는 이유는 이보다 훨씬 많다. 그러나 가장 중요한 것 18가지에 우선적으로 초점을 맞췄다. 예를 들어 우리 설교가 잘 전달되지 않는 이유는 첫째, 공감대를 형성하지 못하기 때문이라고 나는 생각한다. 그래서 나는 설교자들에게 설교를 일방적으로 선포하기보다는 청중들에게 공감대를 형성하라고 지적했다. 이를 위해 나는 설교에 공감대 형성이 왜 필요한가를 다루었다. 동시에 공감대를 이루지 못한 예들과 그로 인해 설교가 전달되지 않은 경우들을 실례를 들어가며 설명했다.

그리고 나는 문제 제기에서 끝나지 않고 공감대를 형성하는 방법들에 대해서도 구체적으로 설명했다. 이것은 설교자들이 당면한 설교의 문제점들에 대한 해결책이 될 것이다. 동시에 공감대 형성을 통해 설교가 어떻게 효과적으로 전달되는지를 예들을 들어가며 설명했다. 이러한 설명의 절차는 '설교가 전달되지 않는 18가지 이유'의 한 가지에 해당된다. 이런 식으로 나머지 17가지에 대한 주제를 다루게 된다.

즉 '공감대를 형성하라,' '공감대 형성의 원리를 활용하라,' '창문 너머 사물(진리)을 보라,' '자연스럽게 흐르게 하라,' '긴장을 유지하라,' '청중의 수준을 뛰어넘으라,' '평범한 본문을 독특하게 만들라,' '힘을 불어넣으라,' '들리게 말하라,' '감정에 파도를 치게 하라,' '귀납법적 접근을 하라,' '주입하려 하지 말고 설득하라,' '예화를 정확히 사용하라,' '예화를 효과적으로 사용하라' '하나님을 경험하게 만들라,' '감각있는 설교를 위해 커뮤니케이션의 7대 원리를 적극 활용하라,' '설교감각을 키우기 위해 5단계 기초 커뮤니케이션 이론에 익숙해지라,' '무릎으로 설교의 힘을 키우라' 등을 다루게 된다. 이제 각 주제에 대한 설명으로 들어가 보자.

● 차 례 ●

추천하는 말 · 이동원/김상복
서 문 · 들어가는 말

1장 공감대 형성을 방해하는 요인들

1. 공감대를 형성하라   23
"그래, 맞아!"가 공감대 형성이다
공감대가 왜 필요한가?
공감대를 이루지 못한 설교의 예들

2. 공감대 형성의 원리를 활용하라   34
공감대 형성을 이룬 전달되는 설교의 예들
공감대를 형성하는 원리들

3. 창문 너머 사물(진리)을 보라   48
왜 창문 너머 진리를 보아야 하는가?
창문 너머 진리를 보지 못한 설교의 예들
창문 너머 진리를 보는 방법들
창문 너머 진리를 본 전달되는 설교의 예들

4. 자연스럽게 흐르게 하라   64
설교는 왜 자연스럽게 전개되어야 하는가?
자연스럽게 전개되지 못한 설교의 예들
설교를 자연스럽게 만드는 방법들

5. 긴장을 유지하라   80
설교에 왜 긴장이 필요한가?
긴장을 유지하지 못한 설교의 예들
설교에 긴장을 유지하는 원리들

6. 청중의 수준을 뛰어넘으라   101
왜 청중의 예상을 뛰어넘어야 하는가?
청중의 예상 수준을 뛰어넘지 못한 설교의 예들
청중의 예상을 뛰어넘은 전달되는 설교의 예들
청중의 예상 수준을 뛰어넘는 원리들

2장 진부함에 빠지게 하는 내적 요인들

7 평범한 본문을 독특하게 만들라　　117
왜 본문을 독특하게 만들어야 하는가?
본문을 독특하게 만들지 못한 설교의 예들
본문을 독특하게 만든 전달되는 설교의 예들
본문을 독특하게 만드는 방법들

8 힘을 불어넣으라　　128
왜 힘을 불어넣어야 하는가?
힘을 불어넣은 전달되는 설교의 예들
설교에 힘을 불어넣기 위한 원리들

9 들리게 말하라　　150
들리게 만들어야 하는 이유
여러 주제를 나타내 설교가 전달되지 않은 경우들
들리게 작성하는 방법들

10 감정에 파도를 치게 하라　　160
왜 감정에 파도를 치게 해야 하는가?
감정을 움직이게 만드는 방법들

11 귀납법적 접근을 하라　　170
왜 귀납법적 접근이어야 하는가?
귀납법적 접근을 하지 못한 설교의 예들
귀납법적 접근을 한 전달되는 설교의 예들
귀납법적 접근을 하는 방법들

12 주입하려 하지 말고 설득하라　　182
왜 설교가 설득적이어야 하는가?
설득적이지 못해 설교가 전달되지 않은 경우들
설득적인 설교로서 잘 전달된 경우들
설득을 위한 방법들

3장 전달과 소통을 가로막는 방법상의 요인들

13 예화를 효과적으로 사용하라   195
적절한 예화 사용의 필요성
예화 사용의 원리들

14 예화를 정확히 사용하라   210
예화를 정확히 사용하지 못한 설교의 예들
예화를 정확히 사용하는 방법들
예화를 건전하게 사용하기 위한 7가지 질문

15 하나님을 경험하게 만들라   222
설교가 왜 하나님 중심이어야 하는가?
하나님 중심으로 전개하지 못한 설교의 예들
하나님 중심의 설교를 만드는 방법들

16 감각있는 설교를 위해 커뮤니케이션의 7대 원리를 적극 활용하라   230
상대를 향해 마음문을 활짝 열고 그를 깊이 이해하라
상대의 감정에서 느껴보라
객관적 입장에서 말하라
긍정적 표현의 위대성을 알고 행하라
자신감을 표현하라
친밀함을 나타내라
상호작용을 조절하라

17 설교감각을 키우기 위해 5단계 기초 커뮤니케이션 이론에 익숙해지라   239
주의를 끄는 데 관심을 가지라
이해시키라
동의를 구하라
기억에 오래 남게 하라
행동으로 옮기게 하라

18 무릎으로 설교의 힘을 키우라   247
설교에 왜 무릎이 뒷받침되어야 하는가?
무엇을 어떻게 기도해야 할 것인가?
기도해야 하는 내용들

1

공감대 형성을 방해하는 요인들

1 공감대를 형성하라
2 공감대 형성의 원리를 활용하라
3 창문 너머 사물(진리)을 보라
4 자연스럽게 흐르게 하라
5 긴장을 유지하라
6 청중의 수준을 뛰어넘으라

전달되는 설교를 위한 강력 커뮤니케이션 법칙

1 공감대를 형성하라
공감대 형성은 청중의 마음을 여는 데 결정적인 역할을 한다

작년 초가을 서울의 어느 교회에서 예배를 드릴 기회가 있었다. 설교를 들으면서 설교자의 열심있는 태도와 말씀에 사로잡힌 열정이 참 좋게 보였다. 그런데 결정적인 결점은 그의 설교가 청중인 우리의 마음에 전혀 와닿지를 않았다는 것이다. 즉 청중과의 공감대를 형성하지 못했다는 사실이다. 공감대를 이루지 못하면 아무리 훌륭한 설교 내용이라도 성도들이 받아들이지 않는다.

"그래, 맞아!"가 공감대 형성이다

음악을 전공한 아내에게 한번은 공감대 형성의 의미를 음악에서 설명할 수 있느냐고 물어보았더니 즉각적으로 "그렇다."고 대답했다. 예를 들어보라고 했더니 아내는 설명하길, 가령 시장 바닥에 모인 사람들에게 바하의 음악을 연주한다면 사람들은 곧 지루해한다. 왜냐하면 자신들의 생각과 느낌, 그리고 삶과는 동떨어져 있는 음악이기에 관심을 잃기 때문이다. 그렇지만 흘러간 대중가요를 연주하면 그들이 흥미를 갖고 호응할 것이라고 대답했다. 사람들이 쉽게 호응하도록 만드는 기회나 분위기가 결국 공감대가 아니냐고 말했다. 맞는 말이다.

그러면 왜 시장 사람들이 대중가요에 흥미를 갖고 적극적인 반응을 보일까? 물론 따라 부르기 쉽기 때문이다. 그러나 더 중요한 것은 자신들의 삶의 정서에도 맞다는 것이다. 자신들이 공감할 수 있는 가사 내용이 들어 있기 때문이다. 사실 대중가요란 대중들의 삶을 말하고 있지 않는가. 그래서 사람들의 폭넓은 관심을 자아내지 않는가. 자신들이 느끼며 생각하고 있는 내용과 일치하는 무언가를 발견할 때 그들은 마음을 활짝 연다. 마음을 연 채 그 다음 내용을 듣고 싶어한다.

가령, 사랑에 상처를 입은 젊은이가 유행가 가사에서 "사랑은 아픈 것…"이라는 내용을 듣게 되면, 그 젊은이는 "정말이야. 사랑은 항상 좋은 것은 아니야. 정말이지 견디기 어려울 만큼 고통스러운 거야." 하고 공감하게 된다. 그러면서 그 다음 가사에 귀를 기울인다. "그 다음 가사는 무엇을 말하고 있는가?" 하고 자문하면서 말이다.

불치병에 걸려 시한부 인생을 사는 환자가 '인생의 허무'를 주제로 한 책을 접하게 되면 그는 그 책의 내용에 쉽게 공감한다. 그리고 각 내용의 다음 이야기가 무엇인지 궁금해한다. 마침내 눈을 떼지 않고 계속 읽게 되는 것이다. 자신의 생각이나 느낌과 맞아떨어졌기 때문이다. 결국 자신의 생각이나 느낌과 일치할 때 그 환자는 이미 그 다음 페이지 내용에 대해 마음을 활짝 열고 읽게 된다. 일단 공감대가 형성되고 나면 청중은 어떤 내용이 되었든지 간에 그것을 쉽게 받아들이게 된다.

정리해보자. 공감대란 성도들이 목사의 설교를 들으면서 "그래, 맞아!" 하고 동질의 느낌을 갖게 되는 것이며, 상대의 의견이나 생각에 동조하는 것을 말한다. 그리고 성도들이 일단 동의하게 되면 그 다음에 이어지는 말도 쉽게 받아들이려고 자신들의 마음문을 활짝 연다. 이렇게 만드는 작업이 공감대 형성이다.

공감대가 왜 필요한가?

마음을 열지 않은 상태에서 설교를 듣게 되면 어떤 현상이 나타날까? 불행한 사태가 발생한다. 미국에 유학하는 동안 밤낚시를 간 적이 있다. 캄캄한 밤에 잡은 고기를 통에 열심히 집어넣었다. 그런데 새벽녘에 집에 가려고 고기통을 들여다보니 고기는 그 안에 한 마리도 없었다. 뚜껑이 닫혀 있었던 것도 모르고 그 뚜껑 위로만 던졌기 때문이다. 얼마나 서운하던지….

　청중의 마음문이 닫혀 있는 상태에서 열심히 외쳐보았자 아무 소용이 없다. 닫힌 마음은 던져진 말씀을 받아들이지 않는다. 그러므로 열심히 설교하는 것도 좋지만 청중의 마음문을 열게 하는 것이 더 중요하다. 평범한 설교라도 마음을 열게 하는 공감대를 형성한 설교는 힘이 있고 설득적이다. 그러나 훌륭한 내용이라도 공감대가 형성되지 않으면 청중은 마음을 열지도 그 말씀을 받아들이지도 않는다. 공감대를 형성하려고 청중들에게 설교자를 향해 마음문을 억지로 열라고 말할 수는 없다. 막무가내식으로 설교자를 따라오라고 하는 것은 더더욱 어리석다. 설교자가 청중에게 맞추어야 한다. 즉 설교자가 청중과 공감대를 만들려고 노력해야 한다. 그래야 그들이 마음을 연다.
　공감대 형성의 기능은 크게 두 가지 면에서 중요하다. 첫째는 설교자가 하고 싶은 말을 청중이 잘 받아들이도록 마음을 활짝 열게 한다. 둘째는 이렇게 청중의 열린 마음에 말씀이 스며들 때 청중은 말씀을 쉽게 받아들이게 된다.

공감대를 이루지 못한 설교의 예들

공감대를 어떻게 이루는가를 생각해보기 전에 도대체 어떤 설교가 공감대를 이루지 못하는 설교인지 우선 예들을 살펴보자.

1. 주입식 설교는 청중의 마음을 열지 못한다.

예를 들어, 설교자가 성도들에게 이웃을 사랑하는 마음을 갖자고 제안하기 위해 "이웃을 사랑하자"는 제목으로 설교할 수 있다. 여기서 설교자는 서론에서 "여러분이 진정한 그리스도인이라면 그리스도의 마음으로 이웃을 사랑해야 합니다. 자신의 삶을 불우한 이웃을 위해 나누는 삶이 진정한 그리스도인의 삶이라고 말할 수 있습니다."라고 한다면 무엇이 문제인가?

청중들에게 무언가를 주입하려고 할 때 우선은 그들의 마음을 열어놓아야 한다. 즉 주입식으로 이렇게 하라 저렇게 하라고 훈계하고 명령하기 전에 청중들이 그 설교 내용을 잘 받아들일 준비를 할 수 있게 해야 한다. 그렇지 않으면 쇠귀에 경 읽기일 뿐이다. 위의 예가 바로 그러하다. 이 상태에서는 청중이 주입되는 내용을 들으면서 절대로 마음에 받아들이지 않는다. 무엇이 삽입되어야 하는가? 보다 구체적으로 살펴보자.

설교자가 빌립보서 1장 3-8절을 '기쁨을 누리며 사는 비결'이란 제목으로 다음과 같이 설교하게 되었다고 하자.

    본문은 우리 속에 역사하시는 하나님의 선하심이 계속될 것임을 기억할 때 우리는 고난 속에서도 기쁨을 누릴 수 있다고 가르칩니다. 6절에 보니, "너희 속에 착한 일을 시작하신 이가 그리스도 예수의 날까지 이루실 줄을 우리가 확신하노라."고 했습니다. 바울이 감옥에 갇히는 역경 속에서도 자신과 빌립보 성도의 삶을 인도하시는 주님을 끝까지 확신하고 있었기 때문입니다.
    그가 예수님을 알지 못하고 있었을 때 하나님은 그에게 다가가서서 구원을 베푸시고 하나님의 일꾼으로 삼아주셨습니다. 위험을 만날 때마다 막아주시고 삶에 필요한 것들을 하나님께서 이 모양 저 모양으로 공급하셨습니다. 늘 함께하시는 하나님이신 것을 체험하고 있었던 것입니다. 그런 그에게 감옥에 갇히는 고난이 닥쳐왔지만, 그는 여전히 자신의 삶속에 착한 일을 시작하신 하나님의 인도하심이 중단되지 않고 계속될 것임을 확신했습니다. 주님의 끊임없는 인도가 자신에게 계속되고 있음을 확신하고 있을 때, 바울은 피곤할 수밖에 없고 포기하고 싶은 상황 속에서도 오히려 담대하며 기뻐할 수 있었던 것입니다….

위의 내용은 6절에 대한 본문 설명이다. 대개 많은 목사들이 이와 같은 방식으로 본문을 설명한다. 아마 어떤 독자는 이 정도면 별 문제 없지 않느냐고 반문할지 모른다. 그러나 내게는 이것이 큰 문제를 내포하고 있다고 생각된다. 왜 그런가? 다음의 예를 우선 읽어보고 문제점을 얘기해보자.

    … 그러면 어떻게 해야 우리의 피곤한 삶속에서도 역동적인 기쁨을 누리며 살 수 있습니까? 6절을 다같이 읽읍시다. "너희 속에 착한 일

을 시작하신 이가 그리스도 예수의 날까지 이루실 줄을 우리가 확신하노라."

[A] 사람들은 언제 기뻐합니까? 꿈이 성취되거나 삶의 욕구가 실현될 때 기뻐합니다. 또 주어진 환경이 남보다 앞서 있다고 생각할 때 만족스러워합니다.

[B] 하지만 바울은 주어진 환경 때문에 기뻐하거나 만족스러워하지 않습니다. 불행해보이는 갑갑한 감옥 생활속에서도 바울은 빌립보 교인들을 향해서 "나의 기쁨을 충만케 하라."고 말합니다. 밭을 갈다가 보화를 발견한 농부처럼 마음 깊숙한 곳에서 기쁨이 넘쳐나는 모습입니다. 무엇이 그에게 역경을 뛰어넘는 기쁨을 갖게 만들었을까요?

우리가 알다시피 바울이 예수님을 알지 못하고 있었을 때, 하나님은 그에게 다가가서서 구원을 베푸시고 하나님의 일꾼으로 삼아주셨습니다. 후에 그의 사역 속에서 하나님은 그가 위험을 만날 때마다 막아주시고 삶에 필요한 것들을 이 모양 저 모양으로 공급하셨습니다. 바울은 늘 함께하시는 하나님이심을 체험하고 있었던 것입니다. 그런 믿음 가운데 있는 바울에게 고난이 닥쳐왔지만, 그는 고난을 본 것이 아니라 고난 속에서도 그를 향한 하나님의 선하심이 계속될 것임을 믿고 있었던 것입니다. 주님의 끊임없는 인도가 자신에게 계속되고 있음을 확신하고 있을 때, 바울은 피곤할 수밖에 없고 포기하고 싶은 상황 속에서도 오히려 담대하며 기뻐할 수 있었던 것입니다.

[C] 사랑하는 성도 여러분, 우리가 이 땅을 살아가는 동안 모든 것을 포기하고 싶을때가 있습니다. 하지만 하나님이 여전히 나를 통해 선한 일을 이루실 것임을 확신할 때 우리는 기쁨을 잃지 않는 여유를 가질 수 있습니다. (박영재 설교)

자, 두 가지 예를 서로 비교해보라. 어느 것이 마음에 더 와닿는가? 후자가 아닌가? 왜 그럴까? 전자는 본문을 읽고 본문에 나타난 사실을 설명해나갔다. 즉 곧바로 본문 설명으로 들어갔다. 하지만 후자는 청중에게 공감대를 형성하려고 [A]단계를 삽입했다. 즉 "사람들은 언제 기뻐합니까? 꿈이 성취되거나 삶의 욕구가 실현될 때 기뻐합니다. 주어진 환경이 남보다 앞서 있다고 생각할 때 만족해합니다." 하는 내용을 삽입하였다.

그리고 이어서 본문 설명인 [B]단계를 연결했다. 여기서 삽입된 내용, 즉 [A]단계인 "사람들은 언제 기뻐합니까?"의 첨가는 청중들을 사로잡는 효과가 있다. 즉 이 삽입으로 말미암아 현대 청중의 영적 현주소를 고발하고 그 고발을 통해서 자신들의 삶을 돌아보게 하였고, 그것이 사실이라고 인정하게 만들었다. 이렇게 되고 나면 청중은 바울에 대한 설명을 들으면서 자신들의 신앙과 비교하게 된다. 결국 바울의 앞선 신앙을 보면서 열려진 마음으로 감탄하며 듣게 되고, 동시에 바울에 관한 내용도 사실일 것이라는 기대로 말씀을 계속 듣게 된다.

그러므로 본문을 설명할 때 청중에게 공감될 수 있는 부분을 삽입하라. 그 삽입의 내용은 현대화된 것이어야 청중이 흥미를 가진다는 사실을 기억하라. 또 본문 내용과 반대되는 개념을 설명하라. 그러면 청중은 본문의 내용과 현대인의 모습을 비교하면서 빠르고 정확하게 인식하게 된다. 동시에 마음을 열고 관심을 갖는다. 즉 공감대가 형성되는 것이다.

2. 흑백논리의 설교는 청중의 마음을 열지 못한다.
아래의 예를 살펴보자.

저는 어제 저녁 깜짝 놀랄 만한 뉴스를 접했습니다. 이웃집의 잘 알려진 모 교회 집사가 술을 먹고 자기 집에 들어와서 난장판을 만들었다는 것입니다. 집사로서 그럴 수가 있습니까? 하나님 망신, 집안 망신, 자녀들에게 아버지 망신시키는 어처구니없는 일을 저질렀습니다. 이것은 하나님의 구속의 은총 안에 있으면서도 세속적인 모습을 벗지 못한 육에 속한 신자의 모습입니다. 하나님은 육에 속한 신자를 좋아하지 않습니다. 성경에도 육에 속한 신자는 육신의 열매만을 맺는다고 했습니다. 그 열매는 결국 사망 아닙니까?(모 목사)

위의 내용을 다음과 같이 해보자.

저는 어제 저녁 깜짝 놀랄 만한 뉴스를 접했습니다. 이웃집의 잘 알려진 모 교회 집사가 술을 먹고 자기 집에 와서 소란을 피운 것입니다. 사람들이 교회의 집사로서 그럴 수가 있느냐며 실망들을 했습니다. 저는 곰곰이 생각해보았습니다. 오죽 속상한 일이 있었으면 그 점잖은 분이 술을 먹었을까? 지금쯤 후회하고 있을 것입니다. '내가 왜 그런 행동을 했는가?' 하고 말입니다.

우리가 이 세상을 살다보면 나도 모르게 내가 원치 않는 일을 할 때가 있습니다. 본 마음은 그렇지 않은데 분함을 이기지 못하고 안타까운 상황을 초래할 때가 있습니다. 여러분, 우리가 감당하기 어려울 정도로 분이 날 때 우리는 어떻게 해야 하겠습니까? 오늘 성경은 그런 문제를 어떻게 해결해나갈 수 있는지를 가르쳐주고 있습니다. 본문은….

(박영재 설교)

어느 것이 더 바람직하게 느껴지는가? 후자가 더 바람직하다고 느껴질 것이다. 왜 그런가? 전자는 설교자가 청중을 매도했다. 결국 청중의 마음문을 닫게 했다. 초신자나 불신자는 이러한 설교자의 태도에 대해 "인간의 약점을 이용해서 겁주는 것은 싫다."고 단언한다(이만재, 「교회가기 싫은 77가지 이유」, 규장문화사, pp. 172-

4). 모든 사물을 흑백의 논리로 생각하는 설교자의 견해가 결국 청중을 설교로부터 멀어지게 만드는 것이다. 하지만 후자는 설교자가 청중을 이해하려 한다. 결국 청중의 마음을 열게 만드는 것이다.

좀더 자세히 언급해보자. 전자는 설교자가 흑백논리로 내용을 전개한 뒤 실수한 성도를 매도했다는 것이 문제이다. 이것은 성도와 설교자간에 거리감을 조성하며 동시에 양자간에 보이지 않는 담을 쌓게 만드는 것이다. 사실 성도의 삶을 흑백논리로만 따질 수는 없다. 회색지대에서 갈등하며 고민하는 성도들이 대부분이다. 어쩌다 세속적 삶의 모습을 보일 때, 설교자는 흑백논리 속에서 성도를 이해하지 못하는 속좁은 생각을 하게 되지 않을까 두려워해야 한다.

그러나 후자의 경우는 회색지대에서 고민하는 청중을 이해하려는 의지가 역력하다. 그들의 고민 속에 설교자가 참여하고 있으며 그들의 입장에서 이해하고 있다. 결국 청중과 하나되는 순간이 만들어지는 것이다. 청중이 '지금 저 설교자는 우리의 고민과 아픔을 이해하고 있다.'고 생각하게 만드는 것이다. 그리고 해결책을 향해 전진하는 태도가 청중들에게는 생산적인 모습으로 비쳐진다. 그러므로 공감대 형성을 위해서 청중을 이해하는 마음을 넓혀라.

공감대 형성의 원리를 활용하라

공감대를 위한 실제적 방법을 형성하라

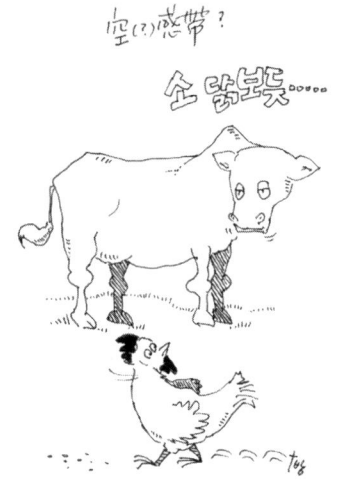

공감대 형성을 이룬 전달되는 설교의 예들

이제 설교자가 청중과 공감대를 형성하는 데 필요한 좀더 적극적인 차원을 생각해보기 위해 공감대 형성의 원리들을 살펴보자.

1. 중요성을 밝히는 일이다.

청중은 설교의 내용이 자신들의 삶에 필요하다거나 중요한 것임을 인식하게 되면 쉽게 그 설교에 공감하게 된다. 우선 그 예를 살펴보자.

가슴아픈 젊은이 이야기입니다. 생존경쟁에서 뒤떨어지지 않게 하려고 부모가 아들을 미국 로스엔젤레스로 조기유학 보냈습니다. 하고 싶은 것 다 할 수 있도록 넉넉하게 뒷돈을 대주었습니다만, 그것도 모자라 고국에 돌아와 부모에게 더 많은 돈을 요구했습니다. 주는 돈마다 탕진하는 것을 알고 있는 부모가 더 이상 돈을 줄 수 없다고 버티자 그 젊은이는 부모를 살해하고 말았습니다. 왜 부모를 죽였느냐는 기자의 질문에 "돈이 탐나서였다."고 말했습니다. 박한상 군의 이야기입니다.
　자식 기를 꺾지 않고 키우는 것도 중요합니다. 쟁쟁한 학벌을 지니게 하는 것도 중요합니다. 하지만 사람답게 살지 못하면 돈의 귀중함도 모르고 부모도 몰라보는 법입니다. 사랑하는 성도 여러분! 자녀를 좋은 대학에 보내려고 애쓰기 전에, 성공하는 법을 가르치기 전에, 바르게 사는 법을 어려서부터 심어주십시오.(박영재 설교).

　위의 설교가 왜 공감을 불러일으키는가? 중요성(필요성)을 제기하기 때문이다. 사람들은 중요성이나 필요성을 자각할 때 그 설교에 공감할 뿐만 아니라 도전을 받는다. 즉 "그래, 우리 자녀들이 어려서부터 정신을 바르게 갖게 해야겠구나!" 하는 각오를 하게 만든다. 왜냐하면 그 필요성이 절실히 깨달아지도록 만들었기 때문이다. 그런데 위의 예를 아래와 같이 했다고 가정해보자.

　성도 여러분, 사람에게 가장 필요한 것은 사람답게 사는 것을 배우는 것입니다. 얼마나 많은 사람들이 잘못 살아가고 있습니까? 그 결과로 얼마나 많은 사람들이 아픔을 겪습니까? 사람답게 사는 법을 가르치지 못하면 아이들이 커서도 사람답지 못하고 탈선하며 사회에 무익한 사람이 될 수 있습니다. 그러므로 여러분은 자녀들에게 사람답게 사는 법을 가르치시길 바랍니다.

자, 무엇을 느끼는가? 후자의 예를 읽는 동안은 마음이 열리지 않음을 알 수 있을 것이다. 왜 마음이 열리지 않는가? 전자의 예는 사람답게 살아야 할 이유나 필요성(혹은 중요성)을 선명하게 언급한 반면, 후자의 경우는 필요성이나 이유를 거의 언급하지 않고 당위성만 언급했다. 게다가 후자는 피상적이며 이론적인 설명인 반면, 전자는 그 필요성을 예를 통해서 명확하게 보여주었기 때문이다. 그러므로 공감대를 불러일으키기 위해서 성도들이 평소의 삶에서 놓치고 있는 필요성을 언급하라. 필요성 언급에 천재가 되어라.

2. 목적을 제시하라.

선명한 목적 제시는 설교를 듣는 청중들의 공감대를 불러일으킨다.

> 여러분, 우리가 성경을 왜 읽습니까? 안 읽으면 마음이 허전해서입니까? 아니면 하나님께 죄를 짓는 것 같아서 그렇습니까? 아닙니다. 말씀을 읽을 때 하나님의 음성을 듣기 때문입니다. 말씀을 읽음으로 하나님의 뜻을 발견하기 때문입니다. 말씀을 읽음으로 진리를 깨닫기 때문이고, 말씀을 읽음으로 우리의 영적 상태를 진단할 수 있기 때문입니다. 그래서 말씀을 읽는 것입니다. (박영재 설교)

그런데 위의 내용을 아래와 같이 했다고 해보자.

> 우리는 성경을 읽어야 합니다. 성경을 읽으면 우리에게 참 좋습니다. 매일매일 말씀과 더불어 살아가는 삶, 얼마나 아름답습니까? 성도 여러분, 그러므로 말씀에 깊이 빠져서 사는 우리가 됩시다. (모 목사)

전자와 후자 가운데 어느 것이 더 성경을 읽고 싶은 마음을 갖게 하는가? 전자가 아닌가? 전자는 읽을 목적을 선명하게 부각시켜주고 있다.

하나 더 살펴보자. 금요 철야 기도회에 모인 성도들에게 설교자는 다음과 같이 말할 수 있다.

> 여러분, 우리가 왜 이 늦은 밤에 모였습니까? 왜 귀중한 시간을 이곳에서 보내고 있습니까? 왜 안락한 소파와 재미있는 TV프로그램, 그리고 편안한 이부자리를 놔두고 무릎을 꿇는 불편을 택했습니까? 육체적인 쉼보다도 더 중요한 영적 힘을 얻기 위해서입니다. 마가의 다락방에 120명의 문도가 모여 하늘로부터 강한 능력을 받기 위해 합심하여 기도한 것처럼, 오늘 저와 여러분도 하늘로부터 강한 능력을 체험하는 기도의 밤, 성령님이 역사하시는 이 밤이 되길 바랍니다.
>
> (박영재 설교)

두 가지 예문 모두가 모인 목적과 성경을 읽는 목적 등을 선명하게 드러내고 있다. 목적이 분명할 때 청중들은 확실히 공감을 잘한다. 설교자와 청중이 쉽게 하나가 된다.

3. 상식적이어야 한다.

가장 많은 사람들이 동의할 수 있는 상식적인 내용을 언급해야 청중은 공감을 표시한다. '가장 많은 사람'의 동의를 구한다는 것은 곧 지엽적인 선택보다 우주적이고 보편적인 선택인 하나님의 마음을 헤아리는 것이다(이에 관한 자세한 내용은 나의 책 「설교자가 꼭 명심할 9가지 설득의 법칙」을 참조하라).

4. 문제를 제기하라.

평소 직시하지 못했거나 느끼지 못했던 문제를 꺼내면 청중들은 놀란다. 때론 두려워하거나 걱정에 휩싸이고 불안하게 된다. 예를 들어, 담배가 폐암에 걸릴 확률을 높인다는 내용을 밝히면 담배를 끊게 하는 데 도움을 줄 수 있다. 식생활 습관이 나쁘면 위암에 걸릴 확률이 많다는 것을 밝힘으로써 청중들이 식생활 습관을 고치도록 만들 수 있다. 이 모든 것들은 문제를 제기한 것이고, 이를 통해 두려워하거나 걱정케 해서 행동의 변화를 일으키기 위한 방법이다. 사람들은 문제의 심각성을 깨닫게 될 때 생각하게 되고 동시에 그 문제에 주의를 집중하게 된다. 결국 문제 제기로 시작된 설교에 청중들이 공감하게 된다. 예를 들어보자.

> 우리 기독교가 위기를 맞고 있습니다. 90년대에 들어서 기독교가 둔화 또는 쇠퇴의 기미를 보이더니 '94년 이후에는 매년 3-4퍼센트 이상씩 감소하고 있습니다. 교회에서 젊은이들을 찾아보기가 힘듭니다. 제가 아는 모 교회는 4천여 명의 장년 출석교인 가운데 청년은 겨우 30여 명에 불과합니다. 5년 전 교인수 500여 명의 10퍼센트도 채 되지 않습니다. 이러다가 10년 후에는 한국교회가 청년이 거의 없는, 늙어서 아무것도 할 수 없는 껍데기 교회가 될지도 모릅니다.(박영재 설교)

정확한 통계자료를 통해 기독교의 위기를 날카롭게 제기하고 있다. 즉 이러한 문제 제기에 놀란 청중은 그 심각성에 큰 우려를 나타낼 수밖에 없다. 이러한 문제에 뒤이어 어떤 일이 벌어질지 관심을 갖고 듣게 된다. 결국 문제의 심각성을 청중들에게 인식시킴으로써 청중이 설교에 공감하게 만든다. 그리고 이 공감대를 계속 끌

고 나가려면 문제 제기 후에 그 문제 해결의 필요성을 언급해야 한다. 그러면 청중들의 공감대는 계속해서 형성된다. 즉 교회 갱신의 필요성을 언급하면, 청중은 문제 제기로부터 필요성 언급으로 이어가는 동안에도 계속해서 공감대를 지속하게 된다.

그런데 위의 내용을 아래와 같이 전했다고 해보자.

> 우리 기독교는 위기를 맞고 있습니다. 90년대에 들어서 기독교가 쇠퇴하거나 감소하고 있습니다. 큰 교회들의 교인수가 줄고 있고, 작은 교회들은 어려움을 벗어나지 못하고 있습니다. (모 목사)

자, 위의 내용을 어떻게 생각하는가? 전자와 후자의 차이점을 말해 보라. 후자는 기독교가 얼마나 심각한 위기를 맞고 있는지 구렁이 담 넘어가듯 대충대충 말하고 있다. 즉 청중들에게 그 문제의 심각성을 제대로 인식시키지 못하고 있다. 그러므로 공감대가 잘 형성되지 않는다.

사람들은 자신들의 삶의 문제나 신앙의 문제가 얼마나 심각한지 깊게 생각하지 않는다. 설교자는 바로 이러한 문제들을 파헤쳐 청중들에게 제시해야 한다. 설교를 통해 제기된 문제가 진정 자신들에게 직접적으로 닥친 심각한 문제라고 인식하게 되면, 그들은 그 문제 제기에 동감하게 되고 결국 마음을 열고 설교에 귀를 기울이게 된다. 문제 제기를 통해 공감대를 형성하는 예를 하나 더 살펴보자.

> 한 일본인 교수가 "한국의 대학은 입학 후 4년이 지나고 나면 졸업장을 수여하는 졸업식장"이라고 말했습니다. 그 정도로 우리의 대학교육 수준이 엉망이 되었습니다. 그뿐입니까? 모 미션대학에서는 채플을 거부하는 학생과 학교 당국이 법정에서 싸움을 벌이고 있습니다. 또한 지난 20여년 동안 대학가에서 복음을 전해 수많은 학생들을 주님 앞으로 인도하고, 그나마 예수 그리스도가 살아계시다는 것을 선명하게 보여주려 애써온 선교단체들이 요즘에는 흐물흐물합니다. 무언가 잘못되어 가고 있습니다. 캠퍼스 상황에 대해 듣는 이야기마다 가슴을 아프게 합니다. 벌어지는 일마다 답답함을 느끼게 합니다. 오늘 우리나라 대학은 어디로 가고 있는가 다시 한번 생각하게 됩니다. 도대체 무엇이 이 젊은이들을 멍청하게 만들고, 무엇이 오늘의 젊은이들의 힘을 빼앗고 있습니까? (옥한흠, 「빛과소금」)

이 설교가 왜 공감대를 형성하는가? 옥 목사의 문제 제기가 우리가 어렴풋이 생각했던 것들을 꼭꼭 집어서 들추어내고 있기 때문이다. 결국 청중들이 그 문제를 들으며 심각성을 인식하게 된다. 문제의 심각성을 인식한다는 것은 설교에서 제기한 문제가 타당하다고 동감한다는 것이다. 청중들이 심각하게 생각해보지 않았던 주제들, 즉 문제 자체를 알려주는 것이 곧 청중을 깨닫게 해주는 '문제의 알림'인 것이다. 20세기 최고의 설교자로 알려진 포스딕(Harry Emerson Fosdick)의 설교는 항상 문제 제기로 시작한다. 문제 제기에서 시작한 설교는 청중들에게서 쉽게 공감대를 얻어낸다.

그러나 불필요하게 심한 두려움을 불러일으켜서 청중이 아예 설교 듣기를 단념케 하거나 설교 내용을 깨끗이 잊어버리려는 생각을 갖지 않도록 조심해야 한다. 또 겁을 주기 위해서 문제를 제기해서도 안된다.

문제 제기로 시작하는 설교는 훌륭한 설교구성법 가운데 하나이다. 설교할 본문을 놓고 본문에서 무엇을 문제시하고 있는지 생각해보라. 상상했던 것보다 훨씬 더 큰 소득을 올릴 아이디어를 찾아낼 때가 종종 있다.

5. 칭찬하라

장로교신학대학원에서 '설득적인 선포를 하라'는 주제로 특강을 한 적이 있다. 서두를 어떻게 할까 고민했다. 그러다가 서두에서 나는 장로교 신학교가 뛰어난 학교임을 밝히며 동시에 학생들의 우수성을 칭찬하였다. 왜 이 사실을 서두에서 꺼냈는가? 강연을 듣는 그들의 마음 자세를 활짝 열어놓기 위해서이다. 칭찬을 들으면 듣는 자들은 으레 기분이 좋아지는 법이며 동시에 자신들을 칭찬하는 설교자를 향해 마음을 열게 된다.

그러므로 설교자는 성도들에게 칭찬을 자주 하라. 잘못하는 점만 지적하지 말고 잘한 점을 더 부각시켜서 칭찬하라. 그러면 청중은 자신들의 마음을 설교자를 향해 더 활짝 열게 되고, 이는 곧 설교자와 청중 간의 공감대 형성으로 이어진다. 다만 한 가지 주의할 것은 사실이 아닌 것을 칭찬해서는 안된다는 것이다. 자칫 아첨으로 들릴 수 있기 때문이다. 그러므로 사실에 기초한 칭찬거리를 찾아내는 통찰력을 발휘하라. 그리고 표현법을 익혀라. 예를 들어보자.

> 오늘 이 새벽 특별기도회에 이처럼 많이 나오신 여러분들의 신앙이 참 대단하다고 생각됩니다. 새벽 단잠을 중단하고 나오기가 어디 쉬운 일입니까? 자녀들 학교 보내랴, 남편 출근시키랴, 많은 일들을 뒤로 하고 원근 각처에서 기도하기 위해 오신 여러분들이 얼마나 자랑스러운지 모릅니다. 보통 결심이 아니면, 보통 노력이 아니면 정말이지 그 먼 곳에서 이곳까지 나오기가 여간 어려운 것이 아닙니다. 그 어려운 일을 믿음으로 해내신 여러분들의 믿음을 우리 주님이 크게 기뻐하실 것입니다. 그러면…. (박영재 설교)

위의 예는 평범해보이는 설교이다. 그러나 본론, 즉 '성도가 모인 이유'를 생각해보는 주제로 들어가기 전에 청중을 한껏 칭찬했다. 청중들의 마음이 열리게 하기 위해서이다. 그 다음에 본론으로 들어갈 때 청중들은 그 본론을 들을 준비를 하게 되는 것이다. 우리 설교자들은 청중에 대한 칭찬에 너무 인색한 것 같다. 권위만 앞세우지 말고 부드럽고 사랑스런 마음이 잔뜩 담긴 심정으로 청중을 칭찬하라.

한 가지 중요한 것은 설교자만 아니라 하나님께서도 칭찬하신다는 말을 반드시 챙겨야 한다는 것이다. 사람이 아니라 하나님을 바라보고 신앙생활하게 하려 함이다. 청중을 자주 칭찬하라. 그러면 그들의 마음과 하나되는 공감대가 형성된다.

6. 접촉점을 만들라

훌륭한 설교는 청중과 본문 간에, 혹은 청중과 설교의 주제 간에 언제나 접촉점이 있다. 서론이 없이, 혹은 있다 하더라도 별 도움이 되지 않은 채 설교 주제로 직접 들어간다면 청중은 그 주제를 받아들이지 않는다. 귀가 없어서 듣지 못하는 것이 아니라 들을 준비가 되어 있지 않기 때문이다. 그러므로, 주제를 들을 준비를 갖추게 하는 접촉점을 가져야 한다.

예를 들어보자. 어느 선교사가 아프리카 원주민에게 말씀을 전할 기회를 엿보고 있었다. 그런데 어느 날 우연히 원주민들이 축제를 지내는 것을 보면서 그 축제 속에 담긴 이야기를 듣게 되었다. 내용인즉 옛날 힘센 부락의 종족이 이 원주민들에게 전쟁을 자주 일으키며 고통을 주곤 했는데, 한 번은 "한 아이를 제물로 바치면 다시는 침범하지도 않고 평화롭게 지낼 것"이라고 제안했다.

이 사실을 전해 듣게 된 한 소녀가 자신을 희생제물로 바치길 원

했다. 그녀를 희생제물로 드린 후 이 종족들은 매년 일정한 때에 그 소녀에게 감사하는 축제를 지냈다. 여기서 힌트를 얻은 선교사는 전도설교의 서론에 이 희생제물의 이력을 꺼냈다. 원주민들은 그 축제의 내력을 잘 알고 있는 선교사의 실력(?)에 감탄하였다. 선교사는 그 소녀에 대해서 다시 한번 감사하는 기회를 갖게 하면서, 곧바로 이어 자연스럽게 예수 그리스도를 전했다. "예수님은 인간이 자신들의 죄 때문에 하나님과 불화 관계에 있을 때, 화해를 위해 인간을 대신해서 친히 십자가에 못박혀 죽으신 분이다. 그 뒤 하나님과 사람 사이에는…." 이와 같이 전했을 때 원주민들로부터 상당한 호응을 얻었다는 것이다. 이 설교에서 접촉점은 무엇이었는가? 그것은 축제 내력의 주인공인 소녀 이야기였다. 그 소녀 이야기가 예수 그리스도의 십자가의 이야기를 자연스럽게 접하게 만들었을 뿐만 아니라 십자가의 사건을 긍정적으로 알아듣게 만들었다는 것이다.

만약 소녀 이야기를 통해 접촉점을 활용하지 않고 직접 십자가의 사건에 대해서 언급했다면, 예를 들어, "저는 여러분들에게 오늘 여러분들이 전혀 알지 못하는 예수님이라는 분을 소개하고 싶습니다. 그분은…"이라고 한다면 거부 반응이 심했을 것이다. 동시에 결과도 비효과적이었을 것이다. 그러므로 접촉점을 활용하라.

바울도 아덴에서 전도설교 할 때 접촉점을 활용했다. 예를 들어, 당시 아덴 사람들은 우상을 섬기는 데 혈안이 되어 있었는데 그 열성이 얼마나 대단했던지 심지어 알지 못하는 신까지 섬겼던 것이다. 그런 그들에게 바울은 "당신들이 알지 못하는 신에게 절을 하며 섬긴다고 하는데, 제가 소개하는 신은 당신들이 알지 못한 채 섬기고 있는 바로 그 신입니다. 바로 예수 그리스도입니다. 그분으로 말할 것 같으면…"이라고 시작한다.

이것은 청중들을 분석하고 그들의 형편과 상황을 잘 알고 난 뒤 복음과 접목시킬 부분을 언급한 것이다. 결국 복음의 핵심과 자연스런 접목이 이뤄지게 만들어, 마침내 그 복음을 받아들이도록 해 준다. 그러므로 설교에서 접촉점은 꼭 필요하다. 예를 들어, 삶에 그리 큰 어려움을 겪지 않고 평범하게 살아가는, 아니 삶의 어려움과는 상관없는 삶을 살고 있는 현대인들에게 '삶의 어려움을 이기는 방법'에 대해서 설교하면 사람들은 설교의 내용이 자신과는 상관없다고 느낀다. 결국 설교를 들을 마음이 없어지는 것이다.

이런 경우 설교를 듣게 만드는 접촉점을 활용해야 한다. 즉 "현대인들 누구나 삶의 어려움을 겪을 수 있는 존재"라는 느낌이 강하게 들도록 해야 한다. 그런 뒤 설교 주제를 전개하면 그 설교에 귀를 기울이게 된다. 여기서 "누구나 어려움을 당할 수 있는 존재"라는 느낌을 갖게 만드는 것이 설교의 접촉점이 되는 것이다.

구체적인 예를 들어보자.

■ 서론

3년 반 전에 이민생활을 시작한 김 집사님 가정이 있습니다. 이민 온 뒤 부부는 막일을 해가며 열심히 살았지만 돈이 모이지 않았습니다. 자녀들은 탈선하고… 일을 안 하면 살 수 없는 미국에서 그들은 돌아갈 수도 없는 상황에 처했습니다. 남편은 이민을 오자고 졸랐던 아내를 원망하며 폭행을 일삼기 시작했습니다. 이민을 때 "하나님이 우리를 사랑하셔서 돈을 많이 벌 수 있는 미국으로 보내신다."고 믿었습니다. 미국에서 돈 벌어 선교사업 하겠다고 결심하고 왔으나 지금은 분노뿐입니다. 감사와 기대로 이민생활을 시작했지만 원망과 실망의 자리에 있게 된 것입니다.

■ 접촉점

    희망으로 시작한 우리의 삶도 시간이 지나면서 원망과 상처만 남을 때가 있습니다. 믿음과 용기로 시작했지만 실망과 좌절만 남을 때가 있고, 기대와 감사로 시작했지만 원망과 후회만 남을 때가 있습니다.

■ 본문

    오늘 본문의 주인공인 이스라엘 백성도 그러하였습니다. 감사로 시작한 신앙의 여정이 마라에 이르러 하나님과 모세를 향해 실망하며 원망하는 데 이르는 장면을 보게 됩니다. 이스라엘은….(박영재 설교)

위의 예에서도 보면, 흥미를 유발시킴과 동시에 귀납법적 접근(뒤에서 다루게 됨)을 통해 서론을 시작했다. 게다가 본문과 서론 사이에 다리 역할을 하는 접촉점을 드러냈다. 결국 접촉점이란 현대인의 심리 상태와 설교 주제를 연결시켜주는 것이다. 이러한 접촉점은 청중이 본문으로 들어가기 전에 이미 마음을 열고 본문에 귀기울이게 하는 공감대를 만들어주고 있다.

공감대를 형성하는 원리들

자, 이제 공감대를 형성하는 내용들을 정리해보자.

1. 처음부터 주입식 논리를 전개하려고 해서는 안된다. 대신 설교하고자 하는 내용을 청중과 함께 나누라. 그리고 그들의 마음이 열린 단계에 이르렀을 때 주입하라.

2. 흑백논리를 피하라. 대신 청중을 이해하려는 설교자의 모습을 보이라.

3. 전하려는 내용이 성도의 삶에 꼭 필요한 것 혹은 중요한 것임을 밝히라.

4. 선명한 목적을 분명하게 밝히라. 목적이 분명한데 어찌 따르지 않겠는가?

5. 청중이 납득할 만한 상식적인 내용을 펼치라. 이것은 사람이 쉽게 이해하고 받아들일 수 있는 내용이기도 하다.

6. 당면한 문제를 가능한 한 날카롭게 제기하라. 깜짝 놀라게 해서 얼른 해답을 듣고 싶어할 만큼 날카롭게 문제를 제기하라.

7. 청중을 칭찬하라. 넉넉히 칭찬하는 마음을 보이라.

8. 접촉점을 만들라. 복음을 받아들이는 데 기여할 도입부분을 생각해내라.

잠깐만! 청중은 메시지의 처음과 끝 부분을 가장 잘 기억한다. 가장 중요한 말은 바로 이 시점(처음 혹은 끝)에서 하라.

창문 너머 사물(진리)을 보라
깊이있는 본문 분석은 깊이있는 설교를 만든다

어느 목사의 설교를 읽다가 깜짝 놀란 적이 있다. 왜냐하면 본문 속에 깊은 영적 진리가 들어 있었음에도 불구하고 본문을 꿰뚫어보지 못한 채 표면적인 현상만을 설명하고 있었기 때문이다. 설교의 틀이 얄팍하면 설교의 수준 자체가 낮아질 수밖에 없다.

왜 창문 너머 진리를 보아야 하는가?

창문을 자세히 보면 먼지가 묻어 있는 것이 보인다. 그러나 창문 너머의 사물을 보려고 노력해야 바깥 풍경을 제대로 음미할 수 있다. 많은 설교자들이 본문에서 진리를 찾을 때 창문에 묻은 이 먼지만을 보려고 한다. 그리고 그 가치없는 먼지로 설교를 만들려고 한다. 의미없는 것에서 진리를 찾으려는 노력은 결국 설교를 무가치하게 만든다. 같은 본문 속에 더 깊은 진리가 담겨 있는데도 말이다. 설교자는 깊은 해석을 통해서 본문의 깊은 진리를 찾아내야 한다. 결국 우리의 설교는 본문에 근거한 성경적 설교여야 하는데, 그 성경적 설교는 본문의 핵심이 짚어주는 깊은 의미를 찾아내야 가치가 있다. 그러므로 설교의 구성을 끝내기 전에 정작 중요한 것은 설교의 깊이를 더하기 위해 본문을 깊이 보는 훈련이다.

본문으로부터 깊은 진리를 끄집어내려면 어떻게 해야 하는가? 설교자는 본문의 내용을 놓고 질문을 던져야 한다. 워렌 위어스비(Warren Wiersbe)는 말하길, "당신이 성경에게 말을 건네지 않으면, 성경도 당신에게 말을 하지 않을 것이다."라고 하였다(워렌 위어스비, 「상상이 담긴 설교」, p. 123). 즉 성경은 우리가 본문을 향해 질문하면 답변할 충분한 자료를 갖고 있다. 그러나 성경에 질문을 던지지 않으면 설교자는 성경에서 아무런 진리도 찾아낼 수 없다. 그러므로 깊은 의미를 찾아내기 위해서 본문에 질문을 던져야 한다. 그래야 성도의 마음을 깊숙이 어루만져줄 깊은 진리를 끄집어낼 수 있다.

창문 너머 진리를 보지 못한 설교의 예들

본문 해석에 깊이가 없으면 본문 설명도 깊이가 없어지고, 본문 설명에 깊이가 없으면 설교의 적용도 얕은 수준이 된다. 결국 설교는 본문을 해석하는 과정 속에서 원인을 찾아내야 본문 설명에 있어서도 날카롭게 설교를 전개할 수 있다. 이 원인 분석은 환자가 병원을 찾았을 때 의사가 그 병의 원인을 진단하는 작업과 같다.

유진 라우리(Eugene Lowry)는 "현대의 단편적인 설교가 갖는 취약점은 원인을 분석하는 과정이 없다는 것"이라고 말한다 (Eugene Lowry, 「The Homiletical Plot」, Atlanta : John Knox Press, 1980, pp. 36-46). 그만큼 많은 설교자들이 분석을 잘 못한다. "요한은 컵을 떨어트린다. 왜냐하면 그는 서툴기 때문이다."라고 한다면, 이러한 분석은 분석이 아니다. '서툴다'란 표현은 컵을 떨어트리는 데 대한 일반적인 설명이지 구체적인 표현은 아니다. "영희는 직장에서 해고되었다. 왜냐하면 그녀는 일을 서툴게 하기 때문이다."라고 한다면, 이 또한 구체적인 이유가 되지 않는다. 분석이란 어떤 이가 특정 행동을 했다면 그렇게 행동한 동기에 대해 구체적인 이유를 찾아내는 것이다. 단순한 행동의 뒷면에 있을 복잡한 이유를 찾아내는 것이다. 분석이 제대로 되어야 처방도 제대로 되며, 설교에 깊이를 더하게 되는 것이다.

잘못된 설교는, 장황하게 늘어놓긴 했는데 정작 분석이 없는 경우의 설교이다. "흑인들은 매우 게으릅니다. 그렇다고 우리가 그들을 미워하는 것은 옳지 않습니다. 그들을 돕고 그들의 필요를 채워줍시다. 이것이 사랑이 아닙니까?" 하는 것보다, "흑인들은 매우 게으릅니다. 그들이 왜 게으른 사람들이 되었습니까? 그들에겐 희망이 없기 때문입니다. 왜 희망을 잃었습니까? 백인 중심의 사회가 그들의 사회 진출을 막았기 때문입니다. 우리가 진정으로 그들을 사랑

한다면 제도적으로 그들이 사회에 진출할 수 있도록 길을 열어주어야 할 것입니다. 이것이 사랑 아닙니까?"라고 한다면 이유가 설명된 깊이있는 내용이 된다. 결국 결론이 다르게 나타나는 것을 보게 된다. 원인을 분석한 뒤에 맺는 결론은 좀더 구체성을 띠게 되는 것이다.

어느 것이 더 바람직한지 비교해보라.

지하철에서 승차표를 넣고 통과하려면 한 사람 이상은 지나갈 수가 없습니다. 왜냐하면 쇠파이프가 가로막고 있기 때문입니다. 그 파이프 때문에 지나갈 때마다 큰 불편을 겪습니다. 저는 이런 불편을 방치하고 있는 지하철 당국에 화가 납니다. 왜 이런 불편을 겪어야 합니까? 지하철 회사가 고객인 나를 믿지 못하기 때문입니다. 사람이 사람을 믿질 못합니다. 서로 간에 불신의 담을 쌓고 있습니다. 우리는 이러한 불신의 담을 헐어야 합니다.

위의 내용을 훼손하지 않으면서 좀더 분석적인 내용의 예를 보자.

지하철에서 승차표를 넣고 통과하려면 한 사람 이상은 지나갈 수가 없습니다. 왜냐하면 쇠파이프가 가로막고 있기 때문입니다. 그 파이프 때문에 얼마나 큰 불편을 겪는지 모릅니다. 저는 이렇게 만든 지하철 당국에 화가 나기도 합니다. 왜 이런 불편을 겪어야 합니까? 지하철 회사가 고객인 나를 믿지 못하기 때문입니다. 사람이 사람을 믿질 못합니다. 서로간에 불신의 담을 쌓고 있습니다.

그러나 생각해봅시다. 누가 철도 당국을 그렇게 만들었습니까? 멀리서 찾을 필요도 없습니다. 바로 나 때문입니다. 고객인 내가 진실하게 행동했다면 그런 것을 만들었겠습니까? 그러고 보면 오늘날 사람과 사람 사이에 불신의 담을 제공한 사람은 다른 사람이 아닙니다. 바로 나

자신입니다. 그러므로 나로부터 불신의 담을 허는 작업이 시작되어야 합니다. (박영재 설교)

자, 두 가지 예 가운데 어느 것이 더 나은가? 후자가 아닌가? 왜 그런가? 후자는 분석이 철저히 이뤄진 반면 전자는 분석(원인)이 제대로 이뤄지지 않은 채 결과만을 강조했기 때문이다. 이런 설교 전개는 청중에게 동의를 얻어낼 수 없다. 그러나 후자는 원인을 분석하고 그 분석의 토대 위에서 실마리를 풀어나가려 했다. 결론도 더 구체적으로 전개되었다. 그러므로 분석한 원인 위에서 설교를 풀어나가라.

이제 원인을 분석하는 힘을 맛보았다. 그러므로 우선 "왜?"라고 하는 질문을 설교자는 던져야 한다. 다시 한번 두 가지 설교를 비교해보자. 우선 질문을 던지지 않은 채 설교가 깊이 없이 만들어진 예를 살펴보자.

출애굽기 15장 22-27절에 보면 이스라엘이 홍해를 건넌 직후 마라에 이르자 먹을 물을 찾아 나섭니다. 그러나 3일 동안이나 헤매다녀도 물을 찾을 수 없었던 그들은 마침내 하나님과 모세를 원망하게 됩니다.

■적용
여러분, 우리가 신앙생활하다보면 항상 기쁜 일만 생기는 것은 아닙니다. 원망거리가 생깁니다. 목회하다가 원망이 터져나올 만한 어려운 일이 생기기도 합니다. 가정에서도 남편이나 아내로부터 실망스런 일들을 만날 수 있습니다. 직장에서도 역시 원망거리가 생길 수 있습니다. 저와 여러분은 원망거리를 만나도 믿음으로 이깁시다. 하나님이 원치 않는다는 것을 기억하며 오히려 감사함으로 이겨나갑시다. (모 목사)

이 설교는 무엇이 문제인가? 본문을 깊이있게 보지 못한 매우 단순한 설교이다. 논리에 큰 헛점이 생겼다. 이 설교자는 원망의 결과만을 삶에 적용시켰다. 원인을 밝히는 논리를 전개하지 않았던 것이다.

자, 이제 "왜?"라는 질문(원인 분석)을 통해 논리를 전개한 설교를 살펴보자.

출애굽기 15장 22-27절에 보면, 이스라엘이 홍해를 건넌 직후 마라에 이르자 먹을 물을 찾아 나섭니다. 그러나 3일 동안이나 헤매다녀도 물을 찾을 수 없었던 그들은 마침내 하나님과 모세를 원망하게 됩니다. 그들이 왜 원망합니까? 물론 물이 없기 때문입니다. 그러나 물이 없기 때문만은 아닙니다. 생각해봅시다. 홍해를 건넌 직후인 3일 전까지만 해도 그들은 어떤 고백을 했습니까? "바다를 가르신 전능하신 하나님이여, 원수를 물에 빠트리시고 죽음 가운데에서 우리를 건지신 구원의 하나님이여, 당신을 찬양합니다. 가나안 땅에 들어갈 때까지 우리를 지키시고 인도하실 줄로 믿습니다!" 했던 사람들이었습니다. 하나님에 대한 원망은 결국 자신들을 끝까지 책임지시는 하나님의 인도하심을 불신한 데서 온 것 아닙니까? 하나님을 신뢰한다면 물이 없는 가운데서도 여전히 역사하시고 인도하시는 하나님을 의지하고 있어야 되는 것 아닙니까? 그러고 보면 이스라엘이 마라에서 하나님을 원망한 것, 그것은 열악한 환경 때문이 아니었습니다. 하나님에 대한 불신 때문이었습니다.

■ 적용

하나님이 인도하실 것이라는 믿음으로 목회를 시작했지만 갈수록 교회가 시들시들해질 수 있습니다. 이때 감사와 확신이 실망과 원망으로 바뀔 수 있습니다. 그렇다면 그 원망은 힘든 목회 상황 때문이 아닙니다. 출발할 때 가졌던 하나님의 인도하심에 대한 믿음을 상실했기 때문입니다. 처음의 믿음을 상실하지 않았다면 환경이 아무리 열악하다 하더라도 감사할 수 있는 것 아닙니까?

　하나님의 인도에 대한 감사와 기대 속에서 시작한 사업이지만 갈수록 어려운 상황에 접할 수 있습니다. 얼마나 답답할까요? 그 안타까운 상황 속에서 한숨이 나오고 땅이 꺼지는 실망이 찾아올 수 있습니다. 하지만 그 실망은 하나님의 인도하심에 대한 불신앙 때문입니다. 아무리 열악한 상황이라 할지라도 하나님의 인도하심을 믿고 의지한다면 우리는 캄캄한 밤에도 찬송할 수 있습니다. 그러고 보면 현재의 상황 속에서 우리에게 원망이 생기고 실망이 찾아드는 것은 환경 때문이 아닙니다. 하나님의 인도하심에 대한 믿음을 상실했기 때문입니다.

(박영재 설교)

　결국 전자의 경우와 후자의 경우는 완전히 딴판이 되었다. 똑같은 본문일지라도 말미에 가서는 완전히 다른 설교가 된 것이다. 전자는 얄팍한 전개, 즉 깊은 생각을 하지 않은 채 만들어낸 설교이다. 하지만 후자는 깊이있는 전개임을 알 수 있다. "왜?"란 질문을 던졌을 때 이처럼 깊은 아이디어를 찾아낼 수 있는 것이다.

　"왜?"라는 질문을 통해서 본문의 깊이를 파헤친 또 다른 예를 살펴보자.

　　요한복음 18장 15-17절에 보면, 베드로가 예수님을 한 번도 아니고 세 번씩이나 부인하는 장면이 나옵니다. 문 지키는 여자 앞에서와 하속, 그리고 대제사장의 종들 앞에서입니다. 그토록 담대했던 베드로가 사랑하던 주님을 세 번씩이나 부인하는 초라한 실패자가 되었습니다.

　　여러분, 베드로가 예수님을 부인하는 모습을 보면서 우리는 인간의 연약함을 봅니다. 아무리 신앙이 훌륭한 사람이라도 자칫 잘못하면 넘어질 수 있고 실패할 수가 있습니다. 그러므로 저와 여러분은 실패하지 않도록 조심합시다. 미리미리 영적으로 준비를 잘 해서 넘어지는 일이 없도록 합시다. 이것이 최선의 방법입니다. (모 목사)

위의 설교는 분석하는 과정 없이 그대로 적용된 예이다. 이것은 해석 작업의 과정이 이뤄지지 않은 채 설교가 진행되었음을 나타내는 것이다. 해석이 깊지 못하면 본문 설명도, 적용도 다 깊지 못한 설교를 만들어낼 수밖에 없다. 그러나 본문의 깊이를 파헤쳐보기 위해 "왜?"라는 질문을 던져보자.

요한복음 18장 15-17절에는 베드로가 예수님을 한 번도 아니고 세 번씩이나 부인하는 장면이 나옵니다. 문 지키는 여자 앞에서와 하속, 그리고 대제사장의 종들 앞에서입니다. 그토록 담대했던 베드로가 사랑하던 주님을 세 번씩이나 부인하는 초라한 실패자가 되었습니다.

한 가지 질문해봅시다. 그가 왜 실패했습니까? 물론 죽음이 두려워서입니다. 그러나 더 깊은 이유가 있습니다. 18절에 보니 "그때가 추운고로 종과 하속들이 숯불을 피우고 서서 쬐니 베드로도 함께 서서 쬐더라." 했습니다. 베드로는 가야바 제사장 앞뜰로 끌려가신 예수님 옆에 있지 않았습니다. 예수님을 향해 분노한 채 그를 죽이려는 광기로 가득찬 사람들 옆에 머물렀습니다. 베드로가 예수님의 원수들과 함께 섞여 있을 때, 그는 이미 그들의 생각과 주장에 이끌려 따라가고 있었던 것입니다. 주님에 대한 충성과 사랑은 어느덧 식어버리고 세상의 음성과 분위기에 압도되어 세상을 따르게 되었다는 말입니다. 세상에 깊이 관련되어 그 힘에 압도되었을 때, 베드로는 실패의 길을 걷게 되었던 것입니다.

사랑하는 성도 여러분, 우리도 세상에 깊이 들어가면 실패합니다. 하나님의 음성을 따라 살면 언제나 승리합니다만 세상의 음성을 택하면 하나님이 주시는 믿음을 잃습니다. 하나님의 인도하심을 따르면 평안과 기쁨이 주어집니다만 세상의 유혹을 따르면 불안과 염려가 생깁니다. 하나님의 편에 서면 일시적인 손해도 있습니다만 세상의 편에 서면 종국에 가서 돌이킬 수 없는 후회를 하게 됩니다. 돌이킬 수 없는 실패의 아픔을 경험하게 됩니다.

성도 여러분, 세상을 택하면 우린 실패합니다. 그러면….

(박영재 설교)

자, 여기서도 "왜?"란 질문을 던짐으로 해서 설교의 깊이를 더해 갔다. 결국 원인을 찾는 것이 설교의 깊이를 더해주는 것이다.

창문 너머 진리를 보는 방법들

이제 본문의 깊이를 파헤치기 위한 실제적인 방법을 생각해보자. 질문을 던짐으로써 본문 속에 숨겨진 진리를 파헤칠 수 있다고 했다. 이를 위해 설교자는 다음과 같은 몇 가지 질문들을 고려해야 한다.

1. 본문은 무엇을 말하는가?
2. 본문은 어떻게 말하는가?
3. 본문은 처음의 독자들에게 무엇을 말하려 했는가?
4. 본문이 오늘의 교회들에게 어떤 의미가 있는가?
5. 본문이 내게 의미하는 바는 무엇인가?
6. 본문이 청중들에게 무엇을 의미하는가?
7. 설교자가 청중들에게 어떻게 본문을 의미있게 만들 것인가?

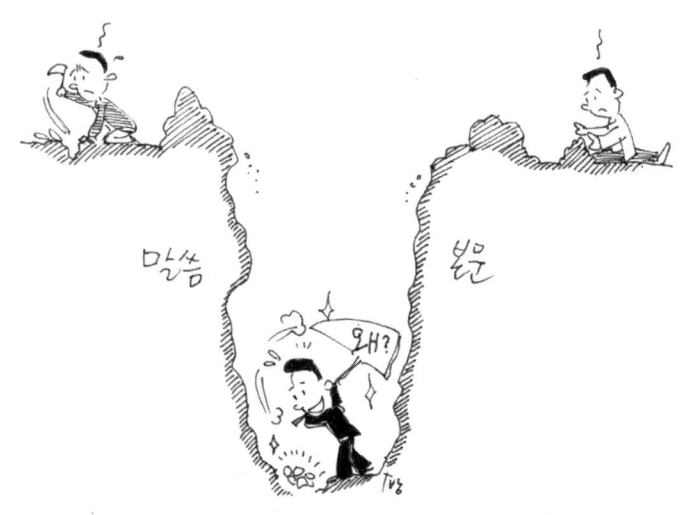

위의 첫번째 질문, "본문은 무엇을 말하는가?"는 본문의 핵심을 파악하기 위한 질문에 해당된다. 많은 설교자들이 본문의 핵심을 파악하지도 않은 채 본문 속에서 전달할 교훈들만 찾는 것을 종종 보게 된다. 이것은 위험한 준비 과정이다. 도도히 흐르는 큰 강줄기를 보면서 핵심을 파악해야 한다. 지류에 해당되는 것을 핵심 내용으로 파악하는 실수를 저지를 수 있기 때문이다. 핵심을 파악하는 요령에 대해서는 일반 강해설교학 책들이 잘 설명하고 있다. 설교자는 이 부분에 우선적으로 훈련되어 있어야 한다고 생각한다.

둘째, "본문은 어떻게 말하는가?"를 생각해야 한다. 요즈음 문학비평이 인기를 끌고 있다. 문학비평은 역사적 비평방법을 뛰어넘어서 성경의 문학 장르들을 구분하고, 그렇게 구분된 문학의 독특성에 따른 해석을 강조한다. 이러한 방법은 본문에 대한 바람직한 이해를 돕는다.

나는 미국에서 공부하는 동안 이 문학비평에 심취하기도 했다. 결국 문학비평은 설교를 위한 본문 해석작업에서 꼭 다루어야 할 영역인 것이다. 그러므로, 설교자들은 본문의 문학의 종류도 세밀하게 관찰하는 노력이 필요하다. 결국 본문이 어떤 문학의 종류로 진리를 전달하고 있는지를 파헤치는 것이다. 예를 들면, 시, 소설, 편지, 강론 등의 형태 가운데 어떤 문학의 종류로 전하고 있는지를 구분해야 한다

셋째, "본문은 처음의 독자들에게 무엇을 말했는가?"를 생각한다. 이것은 본문 자체에 대한 역사적인 연구의 필요성 때문이다. 본문에 대한 역사적 배경을 연구하지 않고 본문을 다룰 수 있을까?

얼마전 유명한 목사 한 분의 설교를 들을 기회가 있었다. 은혜롭고 좋았다. 그런데 아쉽게도 본문이 말하는 내용은 그 목사가 설교한 내용과는 전혀 다른 것이었다. 평신도들이야 알겠는가? 설교가 은혜로웠지만 하나님의 의도와는 상관없이 전달되는 모습을 보고 안타까움을 금할 길 없었다. 역사성 연구를 등한히하면 이런 안타까운 상황에 빠질 수 있다(이에 관한 참고서적으로는 권성수의 「성경해석학」[총신대학출판부]을 참조하라. 쉬우면서도 설교자들에게 바람직한 해석 방법론을 제시한다).

넷째, "본문이 오늘의 교회들에게 어떤 의미가 있는가?", "본문이 내게 의미하는 바는 무엇인가?", "본문이 청중들에게 무엇을 의미하는가?" 등을 생각해보아야 한다.

이러한 질문은 적용을 위한 것이다. 청중은 과거의 사건이나 이야기를 다룬 본문인 성경이 무엇을 말하고 있는지에 대해 큰 관심을 갖지 않는다. 단지 그 본문이 지금 나와 나의 삶에 대해 무엇을 말

하는지를 듣기 원한다. 가정생활이나 직장생활 속에서 겪는 갈등과 아픔에 위로와 용기, 소망을 주는 적용을 듣기 원한다. 또 선택의 결정을 해야 할 상황 속에서 바른 지침을 듣기 원한다. 그러므로 우리의 설교는 본문을 설명하느라고 많은 시간을 지체해서는 안된다. 오히려 청중들의 삶을 다루는 데 많은 시간을 할애해야 한다. 결국 우리의 설교는 청중들의 삶에 대해서 말하는 것이다. 그러므로 적용을 위한 질문은 실로 중요한 부분이다.

다섯째, "설교자가 청중들에게 어떻게 본문을 의미있게 만들 것인가?" 하는 질문은 해석되어진 본문과 적용할 내용을 효과적으로 전달하는 설교 구성의 문제와 관련되어 있다. 이 부분에 대한 설명은 결국 이 책 전체를 다 파악해야만 이해할 수 있으리라 본다.

다섯번째 질문을 제외한 나머지 질문들은 본문을 이해하기 위한 기본적인 질문들이다. 그런데 이런 질문들 외에 던져져야 할 질문들이 있다. 그것은 육하(六何)원칙이다. "누가? 언제? 어디서? 무엇을? 어떻게? 왜?"란 질문을 던지면 본문을 깊숙이 보는 데 도움이 된다. 설교에서는 특히 "왜? 어떻게?"란 질문이 본문의 핵심을 찾는 데 절대적인 공헌을 한다.

"어떻게?"란 질문은 청중들이 관심을 갖는 또 다른 영역임을 기억하라. 예를 들어, "이 강연을 들으면 다이어트를 효과적으로 하는 법을 터득할 수 있습니다." 또는 "이 강연을 통해서 여러분의 남편이 가정에 충실하게 만드는 비법을 배우실 수 있습니다." 등의 내용은 청중들의 관심을 끌 수밖에 없다. 왜냐하면 자신들의 필요를 채울 수 있는 방법을 얻게 되기 때문이다.

이와 마찬가지로, 설교에서도 방법론을 제시하는 설교는 역시 청중들의 관심을 끈다. 예를 들면, "쉽고도 유익한 영적 성장의 5단계에 대해서 알려드리겠습니다." 혹은 "도덕적 실패를 극복하는 길에 대해서…", "물질을 효과적으로 누리는 삶에 대해서…" 등등의 제목이나 주제 혹은 설교의 서론은 청중의 흥미를 끌 수밖에 없다. 왜냐하면 이러한 접근법은 실제적이기 때문이다. 설교가 성도의 영적, 육적 삶의 필요를 채워주는 실제적인 대안을 제시할 때 성도의 관심을 사로잡게 된다.

창문 너머 진리를 본 전달되는 설교의 예들

"왜?"란 질문을 던짐으로써 본문의 사건이나 현장 혹은 행동의 동기 등에 대한 원인을 분석하는 것이다. 또 "어떻게?"란 질문을 던짐으로써 청중들이 관심을 갖고 있는 해결책을 끌어낸다. "왜?"란 질문을 통해 설교를 깊이있게 만드는 과정을 위에서 살펴보았다. 이제는 "어떻게?"란 질문을 던져보라.

앞선 예에서 출애굽기 15장 22-27절을 통해 "왜?"란 질문을 던진 뒤 마라에서 이스라엘이 하나님을 원망하는 이유를 찾아내었다. 즉 물이 없어서가 아니라 하나님에 대한 신뢰를 상실했기 때문이라고 했다. 그러면 설교자는 이것에 이어서 다음과 같이 말해볼 수 있다.

…그러면 어떻게 해야 불만스런 상황을 빠져나갈 수 있을까요? 오늘 본문은 그 해결책을 가르쳐주고 있습니다. 본문 24절에 보니 모세는 그 불만스런 상황을 들고 하나님께 나아갑니다. 그리고 부르짖습니다. 하나님이여, 지금의 이 어려운 상황을 보옵소서. … 이스라엘이 물이 없

는 상황을 원망했지만 상황은 변화되지 않았습니다. 그러나 모세가 원성의 입술에 재갈을 물리고 단지 하나님께 기도하였을 때, 하나님은 그 원망스런 환경을 바꾸시는 놀라운 기적을 일으키셨습니다. 하나님이 한 나무를 지시하시고 모세는 그 나무를 물에 넣으니… 그 순간 쓴 물이 달게 변합니다. 참으로 놀라운 일입니다.

　사랑하는 성도 여러분, 우리의 원망스런 환경을 바꾸는 길은 멀리 있지 않습니다. 우리 주변 가까이에 있습니다. 어느 것을 행하고 어느 곳으로 가야 복스런 환경을 경험하는지 우리 하나님이 가르쳐주십니다. 우리 안에 계신 하나님이 그 해결자이십니다. (박영재 설교)

　지금 설교자는 문제의 상황을 헤쳐나가는 방법에 대해서 말하고 있다. 결국 우리의 설교 목적인 문제의 해결책을 제시하는 것인데, 위의 설교는 그 목적을 잘 달성하고 있다.

　위에 설교했던 본문 요한복음 18장을 이어서 설교하는 경우를 하나 더 예로 들어 살펴보자.

…세상에 깊이 관련되어 그 힘에 압도되었을 때 베드로는 실패의 길을 걷게 되었던 것입니다.

사랑하는 성도 여러분, 우리도 세상에 깊이 들어가면 실패합니다. 하나님의 음성을 따라 살면 언제나 승리합니다만 세상의 음성을 택하면 하나님이 주시는 믿음을 잃습니다. 하나님의 인도하심을 따르면 평안과 기쁨이 주어집니다만 세상의 유혹을 선택하면 불안과 염려가 생깁니다. 하나님의 편에 서면 일시적인 손해도 있을 수 있습니다만 세상의 편에 서면 종국에 가서 돌이킬 수 없는 후회를 하게 됩니다. 뼈아픈 상처를 입습니다.

성도 여러분, 세상을 택하면 우린 실패합니다. 그러면, 이런 실패 속에서 우리는 어떻게 해야 할까요? 어떻게 해야 실패 가운데서 벗어날 수 있을까요? 오늘 본문은 베드로가 예수님을 부인한 직후 닭울음 소리를 듣자 밖에 나가 통곡했다고 했습니다. 후회한 것입니다. 회개한 것입니다. 그후 베드로는 갈릴리 바닷가에 나타나신 주님을 만났습니다. 그 만남 속에서 그는 두번째 기회를 주시는 주님의 초청을 믿음으로 받아들입니다. 그렇습니다. 우리가 실패했을 때 그 실패의 현장에서 할 수 있는 유일한 일은 하나님께 회개하는 일입니다. 자신의 부족과 어리석음으로 하나님의 영광을 가렸던 어리석음을 솔직히 인정하는 것입니다. 그리고 그 실패의 현장에서 주님을 바라보는 것입니다. 다시 일으키시려고 찾아오신 주님의 손을 붙드십시오. 일어나십시오. 그리고 주님과 함께 힘차게 걸으십시오.(박영재 설교)

자, 위의 설교는 해결책을 제시하고 있다. 결국 성도들이 원하는 것은 자신들이 당면한 문제를 해결할 길을 발견하는 것이다. 위의 설교는 그 문제에 해답을 주고 있다. 이처럼 본문을 깊이있게 해석해야 설교 속에서 청중의 깊숙한 내면의 문제들에 해답을 줄 수 있게 된다. 그러므로 설교를 써 내려가기 전에 깊이있는 본문 해석을 하라. 결국 청중의 마음을 사로잡을 수 있는 상상할 거리나 생각할 거리를 주어 다른 것애 주의를 빼앗기는 일이 일어나지 않게 할 수 있다.

　잠깐만, 이 때 어휘를 다양하게 활용하는 것이 요점이다. 다양한 어휘 사용은 설교의 가치를 높인다. 뿐만 아니라 청중에게 지루한 감을 없애준다.

4. 자연스럽게 흐르게 하라

설교의 자연스런 흐름은 청중을 자연스럽게 파고든다

설교의 흐름을 자연스럽게 만들 수는 없을까? 설교의 흐름이 인위적이거나 억지스럽다는 느낌 없이 물 흐르듯 자연스러우면 얼마나 좋을까? 한국 설교와 미국 설교의 큰 차이점 가운데 하나는 자연스러움의 차이이다. 미국 설교를 들어보라. 설교가 자연스럽다. 그리고 부드럽다. 그러나 한국 설교는 부자연스럽다. 억지로 전개하는 설교들이 많다. 이런 부자연스러움은 인간의 본성에 역행한다.

인간은 자연스러움의 존재이다. 사람은 어떻게 자연스러움을 느끼고 나타내는가? 동물적인 감각을 통해서 자연스러움을 느낀다.

예를 들면, 내가 한 발을 든 채 서 있는 모습을 독자들이 보고 있다고 하자. 이때 독자들은 불안함을 느낀다. "어서 빨리 두 다리로 서게 되면 좋으련만…" 하는 느낌을 갖는다. 또 설교자가 천장이나 바닥만을 쳐다보며 설교를 해도 청중은 답답함을 느낀다. 성도들은 설교자가 전후좌우를 골고루 보면서 설교할 때 자연스러움을 느낀다. 공간적 의미에서 청중은 자연스러운 것이 무엇인지를 예민하게 느낀다.

또한 시간적 의미에서도 마찬가지다. 사람은 부자연스런 모습에 부담스러워하고 자연스러움에 대해 편안한 마음을 갖는다. 이것이 사람의 자연스러움에 대한 동물적 감각이다. 예를 들어, 어떤 예언자가 과거의 어떤 사건에 대해서 예언을 했는데, 그 예언이 잘 맞아떨어졌다고 하자. 그러면 동시에 사람들은 현재의 사건들에 대한 그의 예언은 잘 맞았는지를 또한 알고 싶어한다.

더 나아가 미래의 사건에 대해서도 그가 과연 잘 맞출 것인지 궁금해지게 된다. 과거의 사건에서 현재, 미래의 사건까지 알고 싶어하는 심리가 생기는 법이다. 예를 들어, 설교자가 어떤 사건이나 사상에 대한 기원을 다루면 그 다음은 발전해온 단계를 알고 싶어하고, 그 다음은 완성에 대해서 알고 싶어하게 된다. 결국 청중은 논리적인 차원에서도 자연스런 전개에 대한 동물적 감각을 지니고 있다.

설교는 왜 자연스럽게 전개되어야 하는가?

위에서 이미 언급했듯이 사람은 자연스러움을 좋아한다. 물의 흐름이 자연스럽듯 우리의 언어나 사상, 논리, 느낌 등 모든 것이 자연스럽게 진행되어야 한다. 한 남자가 마음에 드는 한 여성을 점찍고 그녀에게 접근할 때에도 인위적인 접근은 그녀에게 반감을 일으킬 수 있다. 예를 들어, 남자가 무작정 다가가 "사귀고 싶다."든지 "사랑하고 싶다."든지 하는 얘기는 그녀로 하여금 오히려 거부감이나 반감, 혹은 경계를 불러일으킬 뿐이다. 그러나 만남이 자연스럽고 만날 기회가 많아지면서 서로를 더 잘 알게 되면 서로에게 호기심이 생기고 관심이 생길 수 있다. 그러면 자연스럽게 사랑이 싹튼다. 이 때를 기다려온 남자가 기회다 싶어 사랑을 고백하면 그 사랑이 열매를 맺는다.

　마찬가지로 우리의 설교도 자연스런 전개를 통해 성도의 마음을 열게 하고 열려진 그들의 마음을 파고들어가 결단하게 만드는 일련의 자연스러움이 있어야 한다. 그런데 지금껏 우리의 설교는 자연스럽지 못했음을 인정해야 할 것이다. 오히려 청중에게 거부감을

주는 인위적인 요소들이 너무 많았음을 솔직히 인정해야 할 것이다.

예를 들어, 첫번째 개요가 끝난 뒤 두번째 개요로 들어갈 때, 대개 우리는 어정쩡한 상태로 넘어간다. 또 서론에서 본론으로 들어갈 때에도 억지로 진행한다. 청중들이 받아들일 준비가 안되었는데도 말이다. 이 모든 것들이 자연스럽지 못한 것이다. 청중들은 자연스러움을 선호하고 그 자연스러움에 익숙해져 있다. 모든 드라마나 영화, 소설은 사건이 전개되고 복잡하게 얽히면서 절정에 이르렀다가 대단원을 맺는데, 이 과정이 자연스럽게 진행되면 사람들에게 인기를 얻는다.

그러나 인위적인 과정들이 드러나면 이는 곧 삼류소설이나 삼류영화로 취급받게 된다. 인위적이라는 생각이 드는 순간 사람들은 진짜가 아닌 소설 같은 이야기로 인식하게 되고 결국 흥미를 잃게 된다. 그러므로 영화 작가들이나 소설가들은 어떻게 해서든 자연스런 전개를 진행시키려고 노력한다. 우리 청중들은 이미 그런 작품들에 익숙해져 있고 또 그런 작품들에 박수를 보낸다. 그런데 우리 설교는 그들보다 너무나도 크게 뒤떨어져 있다. 한 주 동안 텔레비전을 보면서 세련된 자연스런 전개를 접하다가 교회에 와서는 뒤떨어진 작품을 대하게 되는 것이다.

그러면 설교에서의 자연스러움은 무엇인가? 이 문제는 너무 중요하기 때문에 특별히 취급해보고자 한다. 우선 서론에서 청중의 마음을 여는 작업이 필요하다. 이를 위해서 청중의 세계, 청중의 수준에서 서론을 시작하는 것이다. 둘째, 본문을 접근해 들어갈 때도 역시 본문과 서론 사이에 접촉점이 있어야 한다. 즉 본문을 접했을 때

"지금 설교를 시작하는구나!" 하는 감을 줘선 안된다. 언제 설교가 시작되는지를 모르도록 자연스런 진행이 이뤄져야 한다. 셋째, 청중이 알고 싶은 욕구를 따라서 진행해야 한다. 청중의 욕구 순위를 따라 설교를 진행한다는 것은 너무도 중요하다. 그러므로 좀더 깊이 생각해보자.

설교를 자연스럽게 진행하려면 본문의 순서를 따르는 것에 우선 순위를 두지 말고 청중의 심리를 먼저 고려해야 한다. 즉 "어떤 순서를 따라서 진행해야 성도의 마음에 자연스럽게 맞아떨어지는가?"에 대한 생각이 최우선이다. 그것은 곧 청중이 가장 먼저 알고 싶어하는 욕구를 따르는 것이다. 그래야 청중의 심리에 자연스럽게 접목되는 것이다.

신문을 보거나 뉴스를 보라. 기자들이 어떤 한 사건에 대한 소식을 전할 때 가장 먼저 전하는 내용이 무엇인가? 예를 들어, 모 비행기가 괌에서 추락했다는 사고를 접했을 때 가장 먼저 전해지는 소식은 무엇인가? 그것은 사건의 결과이다. "몇 명이 죽었느냐에 대한 대답"이 최우선이다. 또 지난 대선 전에 모 정당들의 통합에 관련된 내용이 뉴스로 떠올랐을 때 무엇이 제일 먼저 언급되는가? 그것은 "양당이 통합했다."는 결과이다. 사람들이 결과에 가장 많은 관심을 갖고 있기 때문이다.

그 다음 두번째 다룰 주제는 무엇일까? 그것은 원인에 대한 분석이다. 사람들은 결과를 접하고 난 뒤 "그러면 왜 사고가 났느냐?"에 대한 답변을 듣고자 한다. 그래서 기자들은 사고의 원인 즉 기상조건이 최악이었고, 비행기의 하강 각도에 대한 관제탑의 정보 제공이 제대로 이뤄지지 않았다는 등의 내용을 다룬다.

양당이 통합되었다는 결과를 전하고 난 뒤에도 "어떻게 통합하게 되었느냐?"에 대한 답변이 나온다. 예를 들어, 양당의 총재가 서로의 힘을 합치지 않으면 안될 상황이었고, 집권 뒤에 권력을 반반씩 나누기로 절충을 보았기 때문에 통합할 수 있었다는 등의 내용을 설명하게 된다. 결국 통합하게 된 원인을 분석한 것이다.

사람들은 이렇게 원인을 분석하고 난 뒤 이제 한 걸음 더 나아가 미래를 생각한다. "도대체 앞으로 비행기 사고를 막을 대책은 없는가? 사고를 미연에 방지할 대비책이 무엇인가?"에 대한 답변을 듣고 싶어 한다. 또 "통합당이 과연 잘 될 것인가?"에 대한 예측을 듣고 싶어 한다. 기자들은 항공사의 대표로부터 "앞으로 희생자에 대해서는 어떻게 어떻게 하겠다. 또 이런 대형 사고가 나지 않도록 비행사를 더 실력있는 사람으로 대체하며 악천후일 경우 비행을 자제하겠다."는 등의 말을 마지막으로 언급한다. 또한 통합된 당의 진로가 어떻게 될 것인지에 대해 예측하는 내용을 마지막으로 언급하며 통합당에 관한 뉴스를 맺게 된다.

이와 마찬가지로 성경의 본문도 결과, 원인, 해결책, 혹은 대비책(방법) 등을 본문이 다루고 있다고 하자. 그러면 이제 어떤 순서를 따라서 설교를 진행해야 하는지 자명해진다. 즉 성도의 심리를 자연스럽게 파고들 순서를 따라서 설교를 진행해야 한다. 행여 본문이 앞서 언급한 청중의 심리 욕구를 따르는 순서와 다르게 되어 있다면, 본문의 구절 순서를 바꾸어서 설교할 수 있어야 한다. 본문의 순서를 따라 설교하려는 고집을 피우다 보면 청중 심리에 부합되지 않을 수도 있음을 알아야 한다.

그런데 어떤 본문은 아무리 분석해보아도 본문 속에서 결과, 원인, 해결책 등을 알 수 없는 경우가 있다. 예를 들어, 신앙성장의 결과나 원인 등을 본문에서 찾아볼 수 없고, 단지 신앙성장의 중요성, 혹은 필요성, 그리고 신앙성장을 위한 방법(해결책) 등만을 다루고 있는 경우도 있다. 이럴 경우 인간 심리의 자연스런 순서로 보면, 중요성이나 필요성을 먼저 다룬 뒤에 해결책을 마지막으로 다루면 좋다. 왜 그럴까? 그것은 설교가 갖는 결론의 특성 때문이다. 결론은 항상 행동 변화의 결단을 촉구하는 시점에서 내려진다. 그러므로 "어떻게 할 것인가?", 즉 방법론을 다뤄야 그것이 결론에서의 행동을 요구하는 내용과 자연스럽게 맞아떨어진다.

그러므로 어떤 본문이든지 간에 본문을 분석해보고 그 분석의 결과를 토대로 순서를 정하되 청중의 심리를 따라서 하면 된다. 이것이 자연스런 전개를 위한 최선책이 될 것이다. 그리고 한 단계에서 다음 단계로 넘어갈 때에는 "첫째는, 둘째는" 하는 식으로 하지 말고 반드시 질문을 던지는 것이 좋다. 질문을 던짐으로 청중으로 하여금 던져진 질문에 답하려는 기회를 줌으로써 자칫 지루할 수 있는 부분을 재치있게 뛰어넘어갈 수 있다.

자연스럽게 전개되지 못한 설교의 예들

이제 설교가 자연스럽게 진행되지 못한 경우들을 예로 들어 살펴보자.

제목 : "염려하지 말라"(모 목사)
본문 : 마 6:25-34
1. 인간은 물질에 대해서 염려하지 말아야 한다(25-26).
2. 염려는 유익이 없기 때문에 염려하지 말아야 한다(27).
3. 하나님께서 모든 것을 돌보시기 때문에 염려하지 말아야 한다(28-30).
4. 염려는 신앙인의 태도가 아니기 때문에 염려해서는 안된다(31-34).

자, 위의 예는 모 목사가 강해설교를 위해 본문을 분석한 것이다. 대체로 훌륭하게 분석했다고 본다. 그러나 한 가지 아쉬운 점은 분석의 순서가 절의 순서에 따르긴 했지만, 청중심리의 자연스런 흐름에는 맞지 않는다는 것이다. 즉 위와 같이 설교가 진행된다면, 첫째, 서론의 역할이 잘 맞지 않는다. 마음문을 열게 하는 작업이 적절하지 않다는 것이다. 둘째, 결론에서도 청중의 마음을 한껏 끌어올리면서 결단케 하는 데에는 다소 어려움이 있다. 설교는 절정을 향해 나아가는 것인데, 위의 전개는 그러한 기대를 하기가 어렵다. 셋째, 설교의 흐름이 물흐르듯 하는 자연스러움과는 거리가 멀다. 자, 위에 예시된 설교의 전개 흐름을 아래와 같이 바꿔보자. 즉 설교가 자연스럽게 흐를 수 있도록 하려면 무엇을 취급해야 하는지, 그리고 그러기 위해 취급해야 할 절이 무엇인가를 먼저 생각해보자.

1. 염려에 싸여 사는 인간의 현주소 묘사(25). 모든 인간은 염려하며 사는 존재이다.
2. 그 염려의 결과(27). 염려의 결과는 사람을 좀먹는다. 염려가 백해무익함을 예화를 통해 확인케 해준다.
3. 왜 염려하는가?(사람이 염려하는 근본 이유 묘사). 하나님에 대한 불신앙

에서 오는 것임(31-34).
  4. 염려를 극복하는 방법 제시(28-30). 하나님의 섭리에 대한 신뢰의 확신이 모든 염려를 극복하게 한다.(박영재 설교)

전자와 후자를 비교해보라. 전자는 자연스러움을 좋아하는 청중의 심리를 고려하지 않았지만, 후자는 청중이 선호하는 자연스러움에 편승하려 한 흔적이 역력하다. 본문의 절의 순서와 대지의 순서가 뒤바뀌어도 수용할 수 있다. 혹시 본문이 위의 대지 가운데 어느 하나를 밝히지 않는다 할지라도 설교자의 영적 통찰력이나 기존 지식을 통해서 밝힐 수 있다. 이 대지 구성법은 점진적인 전개 구성법이다. 즉 절정을 향한 설교이다. 결국 한 가지 목적만을 깊게 다루는 설교가 된다. 성도들로 하여금 하나님을 의지하지 못한 채 불안스러워해왔던 것을 회개케 한다. 그리고 하나님은 우리와 늘 함께 계심을 감정과 지성, 그리고 의지적으로 확신케 한다.

한 번 생각해보자. 언제 설교가 전달되지 않는가? 첫째, 인위적인 전개는 설교가 자연스럽지 못하다. 즉 무언가 중간에 끊겨지는 듯한 느낌을 받을 때 청중들은 자연스런 맥을 잃는다. 둘째, 가르치려는 의도가 드러난 전개 또한 성도들이 자연스러움을 느낄 수 없게 한다.

자, 이제 자연스럽지 못한 설교를 보자. 모 목사는 로마서 8장 1-9절로 '영적 승리의 삶을 사는 법'에 대해서 아래와 같이 설교하였다.

■ 서론
  그리스도인이 영적 삶을 사는 것이 무엇인지 세 가지로 나누어 살펴보면서 여러분과 함께 은혜를 나누고자 합니다.
  첫째, 영적 삶은 영의 일을 생각하는 삶입니다(5,6).

본문 5,6절에 보니 육신의 일은 육적인 일만을 생각하지만 영적인 일은 영을 좇아 행하는 삶입니다. …

그러므로 저와 여러분은…삶의 현장에서 영적인 일을 생각하는 사람이 됩시다.

둘째, 영적 삶은 생명과 평안을 누리며 주님과 동거하는 삶입니다(6,7).

본문 6,7절에 보니, 육신의 생각은 사망이요 하나님과 원수가 되며 또 하나님의 법에 어긋나지만, 영적 삶의 결과는 생명과 평안입니다.

그러므로 저와 여러분은 영적 생활을 통해…최종적으로 생명을 얻는 신자가 되며 평안을 얻고 주님과 동거하는 삶을 삽시다.

셋째, 영적 삶은 하나님을 기쁘시게 하는 삶입니다(9).

본문 9절은 육신에 속한 삶은 하나님을 기쁘시게 할 수 없다고 말합니다. 그러나 영에 속한 사람은 하나님을 기쁘시게 하는 삶을 살게 됩니다.

그러므로 저와 여러분은… 하나님을 기쁘시게 하는 영적 삶을 삽시다.

위와 같은 예는 보통의 목사들이 선호하는 설교 전개법이다. 위의 설교의 특징은 무엇인가? 그것은 구절의 순서를 따라서 설교한 것이다. 그러면서 전통적인 삼지창법(3개의 개요)을 사용한 것이다.

이 삼지창법은 설교자들 가운데 가장 널리 사용되는 방법이다. 그러나 이 방법의 큰 단점은 자연스런 흐름이 이뤄지지 않는다는 데 있다. 나는 위의 방법을 좀더 효과적인 전개 방식으로 고칠 수 있다고 생각한다. 그것은 자연스런 전개 방식이다. 예로 든 설교의 원래 의도를 훼손하지 않은 채 자연스럽고 박진감 넘치는 전개 방식으로 바꾸어보자.

■서론

1절은 그리스도 예수 안에 있는 자는 결코 정죄함이 없다고 선언합니다. 새 생명을 얻은 성도들이 우선적으로 취해야 할 태도는 영적 삶을 사는 것이라고 강조하고 있습니다.

A. 그러면, 성도는 왜 영적인 삶을 살아야 합니까? 그 이유가 무엇입니까? 본문 6절과 9절에 보니… 영적 삶이 우리에게 생명과 평안을 주며 그리스도와 밀접한 관계를 갖는 기회를 주기 때문입니다. 또, 육체적 삶은 사망이요, 허무함만을 경험하게 할 뿐입니다(9). … 결국 영적 삶은 성도에게 이처럼 영육간에 큰 유익이 있습니다. …
(예화 삽입 : 영적 삶을 사는 성도가 영적 기쁨과 유익을 얻고 있는 예).
이처럼, 성도에게 유익을 주기 때문에 하나님은 성도에게 영적 삶을 살라고 권고합니다. … 저와 여러분은 영적 삶을 살 수 있기를 바랍니다.

B. 그러나, 오늘 8절에서 하나님은 성도가 영적인 삶을 살아야 하는 더 큰 이유를 말씀하고 있습니다. 영적 삶을 살 때에 하나님을 기쁘시게 할 수 있다고 말씀합니다. 육신에 있는 자들의 삶과는 달리 영적인 삶은 하나님을 기쁘시게 합니다. 사랑하는 성도 여러분, 우리가 영적인 삶을 사는 것은 우리 자신의 영적, 육적 유익만을 얻기 위함이 아닙니다. 하나님을 기쁘시게 하는 것이 더 큰 목적이기 때문입니다. …
(예화 삽입 : 자신의 영적 생활이 하나님을 기쁘시게 하는 것임을 확신하고 있는 성도의 삶의 경우).

피조물로서 이 땅을 사는 동안 할 수 있는 최대의 일은 창조주 하나님을 기쁘시게 하는 것입니다. 하나님을 기쁘시게 하는 삶이야말로 인간이 선택할 수 있는 최선의 길 아닙니까? 어리석고 연약한 내가 창조주 하나님을 기쁘시게 만들 수 있다는 것 그 자체만으로도 얼마나 놀라운 특권입니까? …하나님을 기쁘시게 하기 위해서 여러분 모두가 영적 생활을 하는 성도가 되시길 바랍니다.

C. 그러면 한 가지 질문해봅시다. 영적 생활이란 어떻게 하는 것입니까? 어떻게 해야 나의 삶에 기쁨과 평안이 주어지는 유익을 얻으며 창조주 하나님을 기쁘시게 하는 영적 삶을 살 수 있을까요? 오늘 하나님은 우리가 어떻게 살아야 영적 삶을 살 수 있는지 그 방법을 가르쳐주고 있습니다. 5절에 영적인 삶은 곧 영의 일을 생각하는 것이라고 말씀하셨습니다. 영의 일을 생각하는 것이 무엇입니까? 우리의 가정에서 직장에서 교회에서 영의 일을 생각하는 것이 무엇입니까? … (영의 일을 생각하는 데 구체적인 예가 될 만한 것을 들어준다).

■ **결론**
그러므로 우리는 영적인 삶을 살아야…(박영재 설교)

자, 위의 예는 전자와 똑같이 본문을 취급하면서도 진행 과정이 중간에 끊기지 않는다. 또한 자연스럽게 이어진다. 자연스럽게 이어질 뿐만 아니라 박진감을 더해주고 있다. 어떻게 이런 자연스런 전개가 이뤄졌는가? 질문을 던짐으로 청중들에게 다음 단계를 들을 준비를 하게 했다. 결국 뒤로 갈수록 비중 높은 내용을 다루면서 청중들의 욕구를 채운 것이다. A단계에서 설교자는 청중들이 영적 삶을 사는 유익이 자신들을 위한 것이라고 말했다. 그러나 두번째인 B단계에서 그보다 한 단계 높은 수준인 하나님을 기쁘시게 하기 위한 것이라고 말했다. 결국 영적 생활의 유익 가운데 비중이 높은 부분을 뒤에서 다룸으로 청중들에게 더 깊은 자극을 준 것이다.

이제 마지막으로 "그러면 그 영적 생활을 어떻게 하는 것이냐?"란 질문을 던지면서 영적 생활의 방법에 대해서 언급했다. 사실 앞의 A단계와 B단계에서 영적 생활의 유익만을 강조하였을 때, 청중들은 영적 생활의 방법에 대해 알고 싶은 지적 갈증을 느끼고 있었다. 이제 그것을 마지막 단계에서 설명해줌으로써 그들의 갈증이 해소된 것이다. 결국 청중의 욕구 순서를 따라 진행되는 설교인 것이다. 결국 설교가 청중의 욕구에 접목되는 자연스런 전개가 이뤄진 것이다.

하나 더 예를 들어보자. 신명기 16:9-17을 "감사함으로 살자"라는 주제로 다음과 같이 만든 본문을 보자.

> 오늘 아침 감사주일을 맞이해서 어떻게 감사하는 삶을 살아야 하는지를 세 가지로 말씀 드리겠습니다.
> 첫째, 본문은 우리가 감사해야 할 대상이 하나님임을 가르치고 있습니다(10-12). 이스라엘 백성들이 칠칠절을 맞이해서 감사하고자 할 때 하나님은 그들에게 첫열매를 드리라고 말씀하셨습니다. 하나님께서 부모나 조상이 아닌 하나님 자신에게 첫열매로 감사를 드리라고 하신 것은 그 열매를 하나님이 맺게 하셨다는 뜻을 알리기 위해서입니다. 그러므로 감사해야 할 대상은 근본적으로 사람이 아니고 환경도 아니고 그 일을 행하신 하나님이라는 뜻입니다. …그러므로 우리가 감사해야 할 대상은 오직 하나님뿐입니다. 감사절을 맞이해서 사람에게 감사하고 환경에 감사하기 전에 먼저 감사의 대상이 누구인지를 분명히 알고 감사의 대상이신 하나님께 깊은 감사를 드릴 수 있기를 바랍니다.
> 둘째, 본문은 우리가 하나님께 감사해야 하는 이유들을 밝히고 있습

니다. 본문은 첫째, 하나님께서 지금까지 우리를 인도하신 것들로 인해서 감사하라고 말씀하고 있습니다(10,12). 과거로부터 현재에 이르기까지를 되돌아볼 때 하나님의 하신 일들을 기억하며 하나님께 감사하는 것입니다(13).
    둘째, 본문은 감사하는 방법에 대해서 말씀하고 있습니다. 첫째, 자원하는 마음으로(10), 둘째, 이웃과 함께(11), 셋째, 최선을 다해서 드리라는 것입니다(17). …그러므로 저와 여러분은 이 세 가지의 태도로 하나님께 감사를 드립시다. 결론 …

    자, 위의 전개도 매우 평범하다. 그러나 바람직하지는 않다. 왜냐하면, 본문 전개가 역동적이거나 청중에게 기대감을 갖게 하지 않기 때문이다. 예로 든 설교의 원래 의도를 훼손하지 않으면서 아래와 같이 바꾸어보자.

■서론

    감사하는 삶만큼 복된 삶이 또 있을까요? …그러나 많은 사람들이 어떻게 혹은 왜 감사하며 살아야 하는지를 알고 싶어 합니다. 그리고 누구에게 감사해야 하는지를 잘 알지 못합니다.
    그러면 우리는 누구에게 감사하며 살아가야 합니까? 오늘 우리가 함께 읽은 본문은 우리가 감사해야 할 대상이 누구인지를 밝히고 있습니다(10-12). 이스라엘 백성들이 칠칠절을 지키고자 할 때 하나님은 그들에게 하나님께 첫열매를 드리라고 말씀하셨습니다. 첫열매로 부모나 조상이 아닌 하나님 자신에게 감사를 드리라고 하신 것은 그 열매를 하나님이 맺게 하셨다는 뜻을 알리기 위해서입니다. 그러므로 근본적인 감사의 대상은 사람이 아니고 환경도 아니며 그 일을 만드시고 행하신 하나님인 것입니다. …그러므로 감사절을 맞이해서 하나님께 깊은 감사를 드릴 수 있기를 바랍니다. 배우자에게 감사하기 전에 오늘의 남편, 아내를 주신 하나님께 감사하시길 바랍니다. 또 … 감사하시길 바랍니다.

그러면 우리는 왜 하나님께 감사해야 합니까? 첫째는 지금까지 우리를 인도하신 것들로 인해서 감사하라고 말씀하고 있습니다(10,12). 과거로부터 현재에 이르기까지를 되돌아볼 때 하나님의 하신 일들을 기억하며 하나님께 감사하는 것입니다(13). 둘째, 하나님이 미리 주실 복을 감사하라고 했습니다(15).…그러므로 우리는 과거, 현재, 미래를 생각하며 감사하는 마음을 드려야 겠습니다.

그러면, 어떻게 감사를 표현해야 하나님을 기쁘시게 할 수 있을까요? 본문은 감사하는 방법에 대해서 말씀하고 있습니다. 자원하는 마음으로(10), 최선을 다해서 감사를 표현하라고 하나님은 말씀하십니다(17). 또 가난한 이웃과 감사의 기회를 가지라고 말씀하십니다. … 그러므로 저와 여러분은 … 감사를 드립시다. 결론…

자, 전자와 후자가 어떻게 다른가? 전자는 맥이 끊긴 상태이다. 그러나 후자는 맥이 끊기지 않고 자연스럽게 지속된다. 끊기는 부분을 어떻게 연결시켰는가? 질문을 던짐으로 사람들의 관심을 고취시켜나갔다. 그리고 질문의 순서를 살펴보라. 질문의 순서, 즉 첫번째와 두번째는 신앙으로 받아들여 깨닫는 차원이다. 즉 마음으로 깨달으면 될 뿐 그 이상을 요구하는 것이 아니다. 그러나 마지막 질문은 청중의 태도에 변화를 요구하는, 즉 결단을 요구하는 내용이다. 결국 성도들이 설교를 듣고 성전문을 나서면서 당장 행동에 옮겨야 할 태도를 가장 중시했다. 그래서 마지막 단계에 놓있다. 내노에 변화를 주기 위한 도전이 항상 마지막 단계에서 다루어져야 하기 때문이다. 만약 태도에 변화를 요구하는 내용이 첫번째나 두번째 단계에 가 있다고 하자. 얼마나 안타까운 현상이 일어날 것인가?

자연스런 전개를 위해서 쉬운 예를 하나 더 들어 보자. 아래의 세 가지 개요 가운데 어느 순서가 바람직하겠는가?

주제 : 십일조를 해야 하는 이유
첫째, 축복을 받고자
둘째, 하나님을 기쁘시게 하고자
셋째, 교회를 유지하고자

가장 가벼운 것이 가장 먼저 다뤄져야 한다. 가장 비중있는 내용이 맨 마지막에 다뤄져야 한다. 그래야 청중의 욕구 순서를 자연스럽게 따를 수 있는 것이다. 청중의 욕구 순서에 맞추려면 어느 순서를 따라야 할까? 정답은 이미 자명하다. 그 정답을 찾아보라.

설교를 자연스럽게 만드는 방법들

1. 청중의 욕구 순위(청중심리)에 익숙해지라.
2. 그 욕구 순서(청중심리)를 따라 설교의 전개를 일치시키라.
3. 본문의 흐름이 청중심리의 흐름과 배치되면 청중심리의 흐름을 우선순위로 하여 설교를 진행하라.
4. 한 단락에서 다음 단락으로 넘어갈 때에는 질문을 던지고 그 질문에 답변을 취하는 형식을 택하라.

5 긴장을 유지하라
긴장 유지는 청중의 주의를 집중시킨다

몇 달 전 모 교회의 수요일 낮 예배에 참석한 적이 있다. 설교자가 서론부터 맥없이 시작하더니 시간이 흐를수록 재미없게 설교를 전개하였다. 내가 설교를 청취하는 집중력이 자꾸 떨어졌다. 동시에 듣고자 하는 열정의 맥이 끊기면서 귀를 기울이고 싶은 마음이 사라지는 것이었다. 집중하여 들으려고 노력해도 얼마 가지 않아서 다시 흥미를 잃곤 했다. 청중들을 살펴보니 많은 이들이 그저 앉아 있기만 할 뿐 설교 듣는 데에 관심이 없었다. 지루한 시간을 때우고 있을 뿐이었다. 왜 이런 현상이 일어날까? 물론 여러 가지 이유가 있지만 그중 하나가 설교에 긴장감이 흐르지 않기 때문이다.

설교에 왜 긴장이 필요한가?

설교가 긴장감이 없거나 흥미롭게 진행되지 않으면 성도들은 곧 지루하게 된다. 졸기도 하고 딴 생각에 잠기기도 한다. 듣는 것 같아 보여도 한 귀로 듣고 흘릴 뿐이다. 설교에 적당한 긴장이 조성되면 사람들은 흥미를 갖게 된다. 물론 여기서 말하는 긴장감이란 긍정적인 의미의 긴장감을 말한다. 설교에 유머와 재치가 포함되는 것도 좋다. 내가 유학하던 시절 유머에 관한 주제를 다룬 한 선배의 박사 학위논문을 보면서 유머의 절대적 필요성에 공감한 적이 있다.

요즈음 TV의 코미디 프로 가운데 독특한 것이 있다. 코미디언이 청중을 실컷 웃기고 난 뒤에 자신의 부끄러운 과거나 용서받아야 할 잘못에 대해 '고백'을 하는 시간을 갖는다. 예를 들어, 어떤 출연자는 부모에게 효도하지 못한 자신을 용서해달라고 고백한다. 눈물까지 흘리면서 진지하게 말이다. 이 광경을 목격한 시청자들도 가슴이 찡해진다. 결국 그 코미디 프로그램은 시청자를 사로잡기 위한 고도의 전술을 나타내고 있다. 즉 웃기고 울리는 것이다. 울기 전에 웃는 기회를 갖는 것, 그것은 울게 하는 데 극적인 효과를 일궈낸다.

이런 면에서 유머는 절대 필요하다고 본다. 우리가 청중을 울리기 전에, 즉 그들의 가슴을 찡하게 만들기 전에 한껏 웃게 만들 필요가 있다. 그러나 나는 청중들이 설교 속에서 적당한 긴장감을 가짐으로 해서 설교에 집중하게 만들어야 한다는 것을 또한 강조하는 것이다.

독자들은 '터미네이터'란 외국 영화의 줄거리를 잘 알 것이다. 처음부터 끝까지 한 순간도 긴장을 풀 수 없게 만든다. 끊임없는 긴장과 격동이 이어지면서 청중을 완전히 사로잡았던 영화였다. '다이하드 I, II, III' 역시 한시도 눈을 뗄 수 없을 만큼 긴장감 넘치는 영화들이다. 한번은 막내 아들이 텔레비전을 보는데, 그 모습을 보니 잠깐 동안도 그 텔레비전에서 눈을 떼지 않는 것이었다. 나는 깜짝 놀랐다. 무엇이 그 애로 하여금 그렇게 흥미진진하게 텔레비전에 몰두하게 만들었을까?

그 다음날 나도 아들과 함께 TV를 보았다. '신밧드의 모험'과 '아벨의 탐험대'를 연속으로 보게 되었다. 그런데 얼마나 재미있었는지 나 역시 한시도 눈을 뗄 수가 없었다. 무엇이 나와 막내 아들을 시종 흥미진진하게 TV에 몰두하게 만들었을까? 그것은 끊임없이 터지는 긴장 만점의 사건들이었고, 그것이 결국 우리로 하여금 한시도 긴장을 풀 수 없게 만들었다. 그러나 관중들로부터 외면당했던 모 영화는 지루했고 흥미가 없었다. 청중의 긴장감을 불러일으킬 만한 격동적인 행동도 없었고 감칠맛나는 자극적인 대사도 없었기 때문이다. 결국 좋은 설교는 청중을 사로잡는 긴장감을 갖게 만들어야 한다.

긴장을 유지하지 못한 설교의 예들

그러면 설교에는 언제 긴장감이 형성되어야 하는가? 이에 대한 답변을 생각해보기 전에 우선 긴장감이 생기지 않는 경우를 살펴보자.

1. 본문 설명이 길어질 때 설교에 긴장이 생기지 않는다.

얼마전 나는 강해설교를 잘 한다고 소문난 모 목사의 교회에서 예배를 드리며 잔뜩 기대를 하고 설교를 듣기 시작했다. 그런데 시간이 지나면서 점점 설교가 지루해졌다. 본문을 읽고 난 뒤에 설교자는 서론부터 신학을 설명하듯 혹은 성경을 강의하듯 본문의 내용을 충실하게 설명해나갔다.

> 이사야 6장에 나타난 본문을 통해 은혜받는 시간을 가져보겠습니다. …오늘 본문은 이사야가 성전 안에서 하나님에 대한 환상을 보는 장면입니다. 이사야가 하나님에 대한 환상을 경험할 때의 시대적 상황을 말씀드리겠습니다. …

그 설교자는 이 정도의 설명으로만 그치지 않았다. 본문에 대한 설명이 계속되었다. 놀랍게도 그 설교자는 본문에 대한 설명으로 설교 시간의 대부분을 채웠다. 이것은 설교가 아니고 성경 강해이

다. 또 기독교 잡지들에 실리는 여러 설교들도 마찬가지임을 알 수 있다. 얼마나 많은 설교들이 성경 강해로만 끝을 내는지, 그리고 그것을 설교라고 말하는지 참으로 안타깝다. 최근 어떤 강해 설교자는 한 설교잡지에 실린 자신의 설교에서 수많은 지명과 인명, 그리고 그 본문의 역사적인 배경 등을 설명하면서 본문의 내용을 세세하게 분석하며 본문을 풀어나갔다.

그런데 그 설명이 전체 설교 분량의 반 또는 삼분의 이 이상을 차지했다. 그 설교를 읽는 동안 독자들이 얼마나 지루했겠는가! 이런 식으로 설교하면 청중은 곧바로 지루함을 느끼게 된다. 결국 긴장을 풀고 잠을 자거나 딴 생각을 하게 된다. 자기들의 관심사가 아니기 때문이다. 긴 본문 설명은 청중의 관심을 끌지도, 긴장을 유지하지도 못한다.

좀더 구체적으로 예를 들어보자. 가정의 불화로 인해 '이혼을 해야 하나 말아야 하나' 하는 고민 속에서 간신히 교회에 찾아나온 성도가 있다고 하자. 또 사업이 잘 안되어 문을 닫아야 하느냐 마느냐 하는 고민 속에서 예배를 드리는 사람이 있다고 하자. 그들은 설교 시간에 무엇을 기대할 것인가? 아마도 "하나님, 어떻게 해야 할지 주님의 음성을 들려주옵소서." 할 것이다. 그런데 그날도 설교자는 자신이 연구한 본문을 아래와 같이 설명해나갔다. 본문에 충실해야 한다는 미명 아래 말이다.

1. 나타난 피조 세계의 모습(계 9:1-3)
2. 심판의 주요 내용(9:4-7)
3. 약속된 계약(9:8-17)

4. 육욕(肉慾)의 사건(9:18-23)
5. 예언된 사건의 대가(9:24-29)

청중들은 위와 같은 본문 위주의 설명만을 들으며 '오늘도 나와 전혀 상관없는 또 그런 애기군' 하며 마음문을 닫는다. 그리고 아무런 하나님의 응답도 듣지 못한 채 씁쓸하게 집으로 돌아서야 한다.

청중은 본문의 내용을 듣고자 하는 것이 아니다. 즉 본문이 무엇을 말하는가에는 관심이 없다. 오직 그 본문이 격동적인 삶을 살고 있는 '나'에 대해서 혹은 '나'의 삶에 대해서 무엇을 말하며 '나'의 삶의 문제에 대해 어떤 해결책을 보여주는지를 듣고 싶어한다. 그런데도 얼마나 많은 설교자들이 본문에만 얽매여서 설명하다가 끝을 맺는가? 엘리어트(T.S. Eliot)는 "분해하고 분석하는 연구는 단지 암탉이 알을 품는 것에 불과하다."(T.S. Eliot, 「On Poetry and Poets」, London : Faber and Faber, 1957, p. 27.)라고 말했다. 즉 본문에 대해 요약해서 설명으로 끝나기만 하는 설교는 진정한 의미에 있어서 설교가 아니다. 미완성의 설교인 것이다.

찰스 스펄전은 "진정한 설교는 적용이 시작될 때 시작한다."고 못 박았다. 본문 설명이 끝나고 적용을 시작할 때부터 청중들은 설교에 귀를 기울이기 시작한다는 뜻이다. 그러므로 날카로운 적용이 없는 신학 강의식의 지식 전달은 청중들에게 지루한 감을 주고 곧 긴장을 풀어버리게 만든다. 마치 전장에서 무장을 풀고 전투를 포기한 군인과 같은 마음 상태로 만드는 것이다. 특히 레위기나 요한계시록, 혹은 역사서나 예언서를 본문으로 설교할 때 본문을 설명하는 데 그치는 강해 차원의 설교가 비일비재하다.

그러므로 강해 위주의 설명은 설교에서 금물이다. 즉 본문 위주의 설명은 가급적 줄이고 재빨리 청중의 삶에 관련된 내용을 구체적으로 언급해야 한다. 설교가 본문에 대해서가 아니라 자신들의 삶에 대해서 말하기 시작할 때 청중들은 귀를 기울이고 듣게 된다.

그러므로 설교에 긴장감을 나타내려면 어떻게 해야 하는가? 자명해졌다. 본문 설명을 줄이고 청중의 삶에 대해서 말하라. 아래의 예를 보자.

■ 본문 설명

다윗은 또 이렇게 고백합니다. "내가 사망의 음침한 골짜기를 다닐지라도 해를 두려워 않을 것은 주께서 나와 함께하심이라. 주의 막대기와 지팡이가 나를 안위하시나이다." 다윗만큼 일생을 많은 위험 속에서 산 사람도 드물 것입니다. 그는 젊어서부터 사울왕의 계략으로 수많은 위협을 당했습니다. 또 왕이 된 뒤에는 위험한 전쟁을 많이 치러야 했고, 그의 아들 압살롬과 신하로부터 배반을 당하여 급히 예루살렘성에서 도망하기도 했습니다. 그의 일생은 늘 위험이 뒤따르는 불안전한 삶이었습니다. 그렇지만 그는 파란만장했던 자신의 인생 속에 늘 함께하시며 자신을 인도하시며 지켜주셨던 하나님이 계셨음을 고백했습니다.

■ 적용

사랑하는 성도 여러분! 하나님의 백성이라고 해서 고난을 피할 수는 없습니다. 그러나 여느 불신자와 다른 것은 인생의 고난 속에 우리와 함께하시는 하나님이 계시다는 것입니다. 때때로 우리가 험난한 인생길에서 어찌해야 할지 모를 때, 눈물의 골짜기를 만나고 슬픔의 골짜기를 만나며 위험의 골짜기를 만났을 때, 하나님은 우리 옆에 가장 가까이 계시다는 사실을 의식하시길 바랍니다. 여러분의 가정에 어려움이 닥치고 여러분의 사업에 난기류가 보인다 할지라도 그 속에서 여전히 함께하시는 하나님을 기억하시길 바랍니다.(박영재 설교)

위의 예에서 시편 23편의 한 절을 설명하며 적용하는 과정을 살펴보았다. 이 과정에서 재빨리 청중의 삶을 의식하며 그들의 문제점을 보려 하였고 동시에 해결책을 제시하려 하였다. 청중은 자신들의 삶에 관련된 내용이 다루어질 때 귀를 기울인다.

아래의 예로 든 설교에서 이병돈 목사는 레위기로 설교하면서도 강해 위주의 설교만으로 일관하지 않았다. 우리가 알다시피 레위기는 본문 설명이 길어질 수 있는 책이지만, 이 목사는 레위기의 본문을 강해한 뒤 재빨리 청중의 삶에 관심을 갖는다.

■ **본문 설명**

감사제는 표현 그대로 감사하는 제사였습니다. 감사는 자기의 과거와 현재에 대한 감사, 가정과 자녀에 대한 감사가 있었습니다. 또한 하나님의 섭리에 대해서 감사하고, 하나님의 보호에 대해 감사하며, 하나님의 용서와 사랑에 대해 감사했습니다. 이 감사제의 큰 뜻은 자신과 하나님 사이의 관계 향상을 이루고 자신과 하나님 사이를 철저히 관련짓는 제사의식이라는 점입니다. 나아가서 감사제는 하나님의 은혜를 시인하는 신앙의 고백이요 예배였습니다.

■ **적용**

감사제로서의 화목제는 인간이 세상을 사는 데 가장 큰 소망의 조건이 됩니다. 이는 인간이 신뢰의 대상을 하나님으로 삼을 때만큼 안정되고 담대할 수 있는 다른 방법이 없기 때문입니다. 반대로 하나님께 대한 감사가 없는 자는 유력한 감사의 조건을 가지고 있으면서도 참된 소망과 평강을 모르는 어리석은 사람이 됩니다. 먼저 근원적인 감사를 드립시다. 매일매일의 감사도 중요하지만 자신의 출생으로부터 오늘까지의 삶 전반에 대해 감사할 때 더 큰 감사, 더 감격스런 감사가 됩니다. 사무엘이 "에벤에셀" 하고 "여기까지 도우신 하나님" 하며(삼상 7:12) 감사했던 것처럼 모든 생애에 대한 감사를 드립시다. (이병돈, 「그말씀」)

이병돈 목사는 지루한 레위기 본문에 대한 강해를 핵심만을 언급하는 것으로 정리하고 재빨리 청중의 삶으로 이어나갔다. 즉 청중이 지루해 할 기회를 주지 않는다. 대신 청중의 삶에 직접 호소한다. 목회자가 청중들의 삶을 말할 때 청중은 긴장하며 귀를 기울인다.

2. 적절한 자극이 담기지 않은 설교는 청중에게 긴장을 주지 못한다.

본문 설명이 길면 긴장감이 약해진다고 했다. 또 적용을 하긴 하는데 밋밋한 적용, 즉 개인적이며 독특한 적용이라기보다는 일반적이고 객관적인 적용이 되면 그 자극의 강도가 약할 수밖에 없고, 약한 자극은 긴장감을 불러일으키지 못한다. 예를 들어, 우리들의 눈을 현란하게 만드는 박진감 넘치는 영화, 우리들의 말초 신경을 자극하는 영화는 관중에게 확실하게 긴장하도록 만든다.

물론 설교가 긴장감을 불러일으키도록 청중들의 말초신경을 자극하라는 뜻은 절대로 아니다. 단지 설교를 듣는 청중이 깨어있는 마음으로 설교에 몰입하게 하려면 긴장을 불러일으켜야 한다는 의미이다. 잔잔한 호수에 돌을 던져 파장을 일으키듯 가라앉아 있는 청중의 마음에 믿음의 소용돌이를 일으킬 강력한 자극이 있어야 한다는 뜻이다. 그래야 사람들이 긴장감을 느끼고 결국 설교에 귀를 기울이게 된다. 이제 강력한 자극을 통해서 청중들이 긴장감을 갖게 하는 설교를 보자.

　오늘날 캠퍼스에 있는 젊은이들이 죄의 노예가 되어 죄 속에서 뒹굴고 있는 불행을 직시해야 합니다. 그들을 따라 저녁에 무슨 짓을 하고 다니나 찾아가 보십시오. 어떤 책을 읽고 어떤 컴퓨터 프로그램에 빠져 있는지, 어떤 잡지를 보며 낄낄거리고 있는지 확인해보세요. 그리고 그들의 정신상태를 보십시오. 죄를 죄로 생각지 않습니다. 이제는 옳다, 나쁘다의 구분이 별로 없습니다. 나에게 좋으면 좋은 거예요. 나에게 나쁘면 나쁜 거예요. 그들에게 죄란 자신에게 나쁜 것을 말합니다. 선은 자신에게 좋은 것을 말합니다. 모든 기분이 자기 자신 중심입니다. 이게 상대주의입니다. 이것이 오늘날 만연한 포스트모더니즘의 무서운 사상입니다. 이 사상에 젊은이들이 오염되어 죄에 대한 분명한 시각이 없습니다. 죄의 기준이 다릅니다. 그러므로 하나님이 죄라고 하는 것을 죄로 여기지 않기 때문에 많은 젊은이들이 자신도 모르게 죄 속에 깊이 빠져 있습니다. (옥한흠,「빛과소금」)

위에 예로 든 옥한흠 목사의 설교는 청중들에게 문제 제기를 통해서 적절한 자극을 준다. 이 문제 제기는 청중에게 심각하리만치 자극적이다. 그러므로 청중들은 이런 심각한 문제 제기를 통해서 공감대를 형성할 뿐만 아니라 설교에 긴장감을 조성한다. 결국 청중이 긴장감을 가지고 설교에 귀를 기울이게 만든다.

3. 뻔히 아는 길로 설교가 전개되면 청중은 긴장감을 상실한다.

예를 들어보자. 엄마가 자기 아들에게 잘 알고 있는 얘기를 들려주기 시작했다고 하자. 그 아들은 마음속으로, '엄마, 나도 그 얘기 다 아니까 그만하세요. 지루합니다.' 라고 말할 것이다. 우리의 설교가 무엇을 말할 것인지 직간접적으로 미리 언급하는 것은 청중의 관심을 잃게 만드는 것이다.

더 구체적으로 표현해보자. 남편이 금반지를 선물했다고 하자. 겹겹으로 포장된 선물을 주면서 아내에게 그것이 무엇인지 밝히지 않았을 때, 아내는 "이게 도대체 무엇일까?" 하고 궁금해하면서 하나하나 포장을 뜯게 된다. 즉 뜯는 동안 긴장과 기대감을 갖는다. 금반지인 것을 발견하고 깜짝 놀란다. 얼마나 극적인가? 그런데 남편이 아내에게 선물을 주면서, "여보! 단순하게 생긴 두 돈짜리 금반지인데, 당신에게 주는 선물이요." 하고 건넸다고 하자. 아내는 금반지의 포장을 뜯으면서 전자의 경우만큼 기대와 긴장이 넘치지는 않는다. 이미 포장 속에 무엇이 들어 있는지를 알기 때문이다. 설교가 이런 식으로 진행되면 이것은 설교에 '초를 치는' 격이다. 그러므로 설교자가 무엇을 말하고 있는지에 대해 청중이 예측하지 못하게 하는 전개를 해야 한다. 그래야 청중들이 계속적인 기대와 긴장

속에서 설교에 귀를 기울인다.

그러면 청중의 예측을 허용하는 바람직하지 않은 설교의 예는 어떤 경우인지를 살펴보자. 즉 뻔히 아는 길로 운전하는 경우가 몇 가지 있다.

첫째, 핵심 내용을 미리 노출시킴으로써 막상 결론에서 그것을 강조할 때는 맥이 빠져버린다. 이에 대한 자세한 내용은 나의 저서 「설교자가 꼭 명심할 9가지 설득의 법칙」을 참조하라.

둘째, 개요를 먼저 밝히고 설명하는 것은 청중에게 기대감과 동시에 긴장감을 상실케 한다. 아래의 예를 보자.

> … 본문에서 가르치는 첫째 진리는, 신자는 물질 문제에 있어서 일용할 양식만을 구할 것을 교훈하고 있습니다. 이스라엘 백성들이 만나를 거두는 방법을 보면 하나님께서는 가족 식구 수대로 한 사람당 한 오멜씩을 거두라고 하셨는데, 가서 되어보면 많이 거둔 자도 남지 않고 적게 거둔 자도 모자라지 않았습니다. 그리고 그 이튿날 아침까지 남겨두지 말라고 하셨는데, 모세의 말을 청종치 않고 아침까지 두었더니 벌레가 나고 냄새가 나서 먹을 수 없게 되었습니다. 본문은 성도가 물질 문제에 있어서 일용할 양식만을 구할 것을 교훈하고 있습니다. (모 목사)

위의 예는 크게 두 구도로 되어 있다. 핵심 아이디어를 우선 밝히고 다시 한번 그 아이디어를 설명해나간다는 것이다. 위의 개요에서 "신자는 물질 문제에 있어서 일용할 양식만을 구할 것을 교훈하고 있습니다."라고 밝히고서 다시 그 개요의 내용을 설명해나가고 있다. 이러한 구도는 청중에게 지루한 감을 주는 전개 방법이다. 설명이 중복되고 있기 때문이다. 이런 지루함을 만드는 중복을 피해야 한다.

예로 든 설교의 원래 의도를 훼손하지 않고 긴장감을 유지하며 설교를 전개해보자.

> … 하나님은 우리에게 물질에 대해서 어떤 태도를 가져야 하는지를 본문에서 가르치고 있습니다. 이스라엘 백성들이 만나를 거두는 방법을 보면, 하나님께서는 가족 식구 수대로 한 사람당 한 오멜씩을 거두라고 하셨는데, 가서 되어보면 많이 거둔 자도 남지 않고 적게 거둔 자도 모자라지 않았습니다. 그리고 그 이튿날 아침까지 남겨두지 말라고 하셨습니다. 하지만 그들이 모세의 말을 청종치 않고 아침까지 두었더니 벌레가 나고 냄새가 나서 먹을 수 없게 되었습니다. 무엇을 가르치고 있습니까? 우리가 욕심내보았자 아무런 소용이 없음을 가르치고 있습니다. 결국 사람은 그날 먹을 양식만 있으면 족하다고 하는 진실을 가르치고 있는 겁니다. (박영재 설교)

어느 것이 더 바람직한가? 후자가 아닌가? 전자와는 달리 미리 핵심 아이디어를 밝히는 중복을 피했을 때 설교 전개에 박진감이 생긴다. 첫번째 문장, 즉 "하나님은 우리에게 물질에 대해서 어떤 태도를 가져야 하는지 본문에서 가르치고 있습니다."를 질문이나 문제 제기로 만들면 긴장과 기대는 상승한다. 예를 들어, "본문에서 하나님은 우리에게 물질에 대해서 어떤 태도를 가져야 한다고 말씀하고 있습니까? 이스라엘이 만나를 거두는 방법을 보면…"이 훨씬 더 긴장감을 주고 청중이 귀를 기울이게 한다.

얼마나 많은 설교자들이, 예를 들어, 서론에서 "오늘 본문은 하나님의 속성에 대해서 말씀하고 있습니다. 첫번째로 보여주는 진리는 하나님은 진실하다는 것입니다. 본문은 말하길…" 하면서 설교를 시작하는가? 이런 접근은 청중으로 하여금 "목사님, 요점을 말하셨으니 다 이해했습니다. 다음으로 넘어갑시다." 하는 반응을 불러일으킨다는 것을 기억해야 한다. 그것을 알면서도 굳이 이런 방법을 택할 필요가 없다. 나는 개요를 먼저 밝히고 그 개요를 설명해나가는 방법을 거의 사용하지 않는다. 그 대신 질문을 던지거나 방향 제시만을 한다. 예를 들어보자.

… 그러면 우리는 이 결단을 어떻게 열매로 맺게 할 수 있을까요? 우리는 아브라함의 여정을 생각하며 그 답을 찾을 수 있습니다. 4절에 보니 출발하여 사흘 길을 아들과 함께 갔다고 했습니다. 한 번 생각해봅시다. 하나님께서 왜 아브라함에게 사흘 동안이나 걸어야 하는 먼 곳에 가서 희생 제단을 쌓으라고 하셨을까요? 한두 시간 정도 떨어진 가까운 동산으로 가서 즉시 그 일을 하라고 했다면 오히려 더 쉬웠을 것입니다. 그렇지만…(박영재 설교)

여기서 보면 질문에 대한 답, 즉 핵심적인 내용을 결코 앞에서 노출시키지 않는다. 끝까지 간직했다가 마지막에 그 대답을 드러낸다. 또 다른 예를 보자.

그러면, 우리는 여기서 한 가지 더 질문을 해봅시다. 하나님이 모세를 부르신 때는 언제입니까? 모세가 화려한 왕자의 신분으로 자기 영광이 최고인 줄 알고 있을 그때에는 하나님께서 그를 부르시지 않았습니다. 그때는 자기 힘으로 무언가를 할 수 있다는 자만에 빠져 있을 때입니다. 또 왕자의 신분에서 쫓겨나 천민의 신분이 되었다는 사실에 격분해 있을 그때에도 하나님은 모세를 부르지 않았습니다. 교만을 버리고, 울분과 분노의 감정을 다 삭였을 때, 그리고 자신의 힘으로 아무것도 할 수 없음을 철저히 깨닫고 있을 그때에 하나님은 다가가셨던 것입니다.
(박영재 설교)

자, 위의 두 예에서 나는 결코 설교의 내용을 중복해서 전달하지 않으려 한다는 것을 보았을 것이다. 그리고 이런 전개가 청중에게 긴장감과 기대감을 더하게 만든다. 그러므로 가능한 한 개요를 먼저 설명하는 중복성을 피하라.

이제 설교에 긴장을 가져오게 하는 적극적인 원리와 그 경우들을 살펴보자.

첫째, 상상력의 활용은 청중을 긴장하게 하고 관심을 불러일으킨다. 워렌 위어스비는 설교에서 상상력 활용을 적극 주장한다(워렌 위어스비, 「상상이 담긴 설교」, pp. 148-149. 위어스비가 소개한 내용에 내가 처음과 끝을 덧붙였다). 즉 상상력이 담긴 정교한 논리 전개는 청중으로 하여금 긴장감을 갖게 한다.

사랑하는 여러분, 여러분이 이제 일을 막 끝내고 집으로 돌아가고 있다고 가정해봅시다. 일터에서 돌아오는 길에 당신은 가족들을 다시 만나 맛있게 저녁식사를 함께할 것을 기대합니다. 또 안락의자에 앉아서 신문을 읽고, 좋은 음악 듣는 것을 생각합니다.

그때 코너를 돌아서는 순간 사이렌 소리가 크게 울리며 한 경찰이 당신의 앞길을 막아섭니다. 그리고는 "죄송합니다. 선생님. 통과하실 수가 없습니다!"라고 말합니다. "무슨 일입니까?" "집이 불타고 있습니다!" 그 소리에 깜짝 놀라 불난 집을 자세히 살펴봅니다. 그 집이 다름 아닌 바로 당신의 집이었다면 당신은 그 상황에서 어떤 반응을 보이시겠습니까?

물론 위기는 화재만이 아닙니다. 갑작스런 가족들의 죽음일 수도 있고, 직장에서 쫓겨나는 일일 수도 있고, 배우자가 에이즈에 걸렸다는 것일 수도 있고, 믿었던 자녀가 탈선의 현장에서 발견되거나, 당신이 암에 걸렸다는 의사의 진단일 수도 있습니다. 여러분에게 이런 위기가 닥친다면 어떻게 하시겠습니까?

　오늘 본문은 바로 이러한 위기를 당했을 때 저와 여러분이 어떻게 대처해야 하는가를 가르쳐주고 있습니다. 다같이 본문 마가복음 4장 35절 이하를 봅시다.

이 문장은 청중의 마음을 긴장으로 몰고 간다. 즉 청중이 관심을 집중하도록 만든다. 왜냐하면 우리의 삶속에서 발생할 수 있는 가능성을 마치 실제인 것처럼 정교하게 진행시켰기 때문이다. 그런데 위와 같은 내용을 다음과 같이 전개했다고 하자.

　우리가 살다보면 갑작스런 재난을 겪을 때가 있습니다. 그럴 때에 우리는 고통을 겪으며 어떻게 해야 할지 몰라 우왕좌왕하게 됩니다. 저는 이 아침에 그런 위기를 갑자기 만나게 되면 어떻게 이겨나가야 할지를 본문을 통해 상고해보고자 합니다.

자, 어느 것이 더 실감나며 긴장감을 불러일으키는가? 어느 것이 더 귀를 기울이게 만드는가? 전자가 아닌가? 그 이유는 무엇인가? 전자는 상상력을 통해 청중을 강하게 자극한다. 치밀하고 정교한 상상이 청중을 설교에 집중시킨다. 그러나 후자는 청중을 자극하지 못한다. 이렇게 되면 청중에게 긴장감이 생기지 않는다.

둘째, 뒤에서 할 말을 앞에서 미리 흘리지 않도록 하라. 그렇지 않으면 설교가 긴장과 관심을 불러일으키지 못한다. 또한 단어 선택이 단조로우면 이 역시 청중들로부터 관심을 불러일으키지 못한다.

　마음을 높은 곳에 두면 자기에게 이로운 말이라도 잘 들리지 않는 법입니다. 사람들이 자기를 따르고 사회적인 위치가 점점 높아질 때 개척교회 목사의 전도 체험담이 귀에 들립니까? 잘 들리지 않습니다. 돈 버는 재미를 톡톡히 보고 있는데, 돈 버는 것 중단하고 "일주일에 한 번은 하나님을 섬기며 삽시다." 하면 그 말이 소중하게 받아들여집니까? 똑똑하고 능력 있다고 인정받는데, "하나님 앞에서 겸손합시다." 하면 그 말에 공감하기가 쉽습니까? 신앙생활 안 해도 평안하고 세상 쾌락 다 즐기고 있는데, "교회 나와야 기쁨과 평안을 얻을 수 있다."고 하면 그 말이 제대로 들립니까? 들리지 않습니다. 언제 하나님의 말씀이 들립니까? 언제 깨달아집니까? 마음을 낮은 곳에 두어야 합니다. 그래야 자기에게 유익한 말씀인 줄을 제대로 깨닫고 받아들이게 된다는 말입니다.

(박영재 설교)

그런데 위에 예로 든 나의 설교를 아래와 같이 했다고 하자.

마음을 높은 곳에 두면 자기에게 이로운 말이라도 잘 들리지 않는 법입니다. 마음을 낮은 곳에 두어야 겸손해지고 말씀을 제대로 받아들이게 됩니다. 사람들이 자기를 따르고 사회적인 위치가 점점 높아질 때 개척교회 목사의 전도 체험담이 귀에 들립니까? 잘 들리지 않습니다. 돈 버는 재미를 톡톡히 보고 있는데, 돈 버는 것을 중단하고 "일주일에 한 번은 하나님을 섬기며 삽시다." 하면 그 말이 소중하게 들립니까? 똑똑하고 능력 있다고 인정받는데, "하나님 앞에서 겸손합시다." 하면 그 말이 들립니까? 신앙생활 안 해도 평안하고 세상 쾌락 다 즐기고 있는데, "교회 나와야 기쁨과 평안을 얻을 수 있다."고 하면 그 말이 제대로 들립니까? 들리지 않습니다. 언제 하나님의 말씀이 들립니까? 언제 깨달아집니까? 마음을 낮은 곳에 두어야 합니다. 그래야 자기에게 유익한 말씀인 줄을 제대로 깨닫고 받아들이게 된다는 말입니다.

전자와 후자의 차이점을 찾아보라. 적어도 두 가지 면에서 후자가 뒤떨어진다. 첫째 이유는 맨 마지막으로 하고 싶은 말을 후자는 앞서 언급했고, 맨 마지막에 또 한 번 더 밝혔다. 그래서 맨 마지막에 밝히고 싶었던 내용(마음을 낮은 곳에 두어야 합니다)의 신빙성이 사라지게 되었다. 둘째로는 같은 단어를 후자는 반복해서 사용했다. 예를 들면, 전자는 "들립니까?", "소중하게 받아들여집니까?", "공감하기가 쉽습니까?" 등의 단어를 사용한 반면, 후자는 거의 모두 "들립니까?"로 말해 단조롭게 만들었다. 이것은 단어 선택에 있어서도 청중들을 지루하게 만드는 것이다. 청중들에게 긴장감과 흥미를 갖게 하려면 핵심 내용을 미리 밝히지 말라. 또 단어를 다양하게 사용하라.

셋째, 대조나 비교를 통한 설명은 청중에게 긴장을 유지하게 하고 관심을 불러일으킨다. 예를 들어, 빌립보서 2:5-11을 설교하게 되었다고 하자. 이 속에서 기쁨을 누리는 삶의 비결을 세 가지로 뽑아내었는데, 그 중 하나를 "마음을 비우는 삶이 기쁨을 누리는 여유를 갖게 한다."로 하고 다음과 같이 설교할 수 있다.

> … 본문 7절에 "오히려 자기를 비어 종의 형체를 가져 사람들과 같이 되었고"라고 말합니다.
> 성경은 우리가 남을 위해 자신을 비우는 삶이 진정한 기쁨을 얻는 삶이요 성공하는 인생이라고 말합니다. 여러분이 알다시피, 인간의 최종 목표인 가장 높은 자리, 가장 명예로운 자리, 가장 권세있는 자리에 있었던 예수님은 그 모든 것을 버리시고 낮고 천한 인간의 모습으로 이 땅에 오셨습니다. 바로 저와 여러분을 위해서 자신의 모든 기득권을 버린 것입니다. 성도 여러분, 이런 삶이 진정으로 승리하는 삶이요 기쁨을 누리는 삶이라고 본문은 가르칩니다. (모 목사)

자, 위의 설명이 어떠한가? 깔끔하고 괜찮아 보인다. 그러나 나는 만족할 수 없다. 왜냐하면 본문을 설명해나가는 동안 성도들이 긴장감을 갖지 못하기 때문이다. 보다 더 많은 긴장을 갖게 하려면 비교 설명, 특히 반대급부의 이야기를 끌어들여야 한다. 그래야 더 흥미롭고 긴장이 넘치게 된다. 어떻게 만들 수 있는지 아래의 설교를 예로 들어보자.

> … 본문 7절에 "오히려 자기를 비어 종의 형체를 가져 사람들과 같이 되었고"라고 말합니다.
> 저는 얼마전 '40대를 따라잡기 위해 20대가 기억해야 할 방법들'에 관한 책을 보았습니다. 이 책은 사람들이 성공하기 위해서, 그리고 기쁨을 얻기 위해서, 어떻게 하면 단숨에 선배들을 앞지를 수 있을 것인가에 대해 밝혀놓은 것입니다. 또 어떻게 하면 더 높은 곳으로 올라갈 수 있을까, 어떻게 해야 상대를 이길 수 있을까에 대해 가르칩니다. 자기의 유익을 구하는 데 최고의 가치를 두고 있는 것입니다.
> 그러나 오늘 본문은 인간이 성공하고 기쁨을 얻는 것은 자신의 유익을 추구하는 데 있다고 말씀하지 않습니다. 남을 위해 우리 자신을 비우는 삶이 진정한 기쁨을 얻는 삶이요 성공하는 인생이라고 말씀합니다. 우리가 잘 아다시피, 주님은 우리를 위해 지극히 높은 보좌의 영광을 버리시고 낮고 천한 자리를 선택하셨습니다. 저와 여러분을 위해 자신의 기득권을 버리신 것입니다. 마침내 생명까지도 우리를 위해 내어주셨습니다. 주님은 자신의 삶의 유익을 추구하는 데서 성공과 기쁨을 얻으려 하지 않으셨습니다. 단지 우리가 생명을 얻게 되는 것에서 최고의 기쁨을 누리셨습니다. 성도 여러분, 이런 삶이 진정으로 승리하는 삶이요 기쁨을 누리는 삶이 아닙니까? (박영재 설교)

독자들은 두 가지 예의 차이점을 보았을 것이다. 후자가 더 흥미롭고 긴장감이 넘친다. 반대급부의 내용과 본문의 내용을 비교 설명함으로써 본문의 내용이 더 생생히 전달되게 하기 때문이다.

반대급부의 내용을 사용하면서 본문 설명을 극적으로 연출하는 또 다른 예를 보자.

오늘 본문은 그 유명한 베드로 사도의 이야기입니다. 예수님께로부터 '반석'이란 별명을 얻은 베드로는 믿을 만한 제자였습니다. 그는 가이사랴 빌립보에서 "주는 그리스도시요 살아계신 하나님의 아들"이라고 위대한 첫고백을 하였고, 바다 위에 서 계신 주님께로 가기 위해 맨 먼저 물 위를 걸어갔던 담대한 사람이었습니다. 겟세마네 동산에서 예수님을 잡으러 온 병사의 귀를 단칼에 잘랐던 용기있는 사람이었습니다. 주님이 부활하시고 난 직후 주일 첫 새벽에 제자들 가운데서 가장 먼저 무덤을 찾아갔던 적극적인 사람이었습니다. 베드로는 모든 제자들의 지도자였고 예수님의 사랑을 가장 많이 받았던 훌륭한 사람이었습니다.

그러나 오늘 본문 요한복음 18:27에 보면 "이에 베드로가 또 부인하니 곧 닭이 울더라."고 했습니다. 마가복음 14장에서 베드로는 "주여, 다른 이는 다 당신을 떠날지라도 나만은 당신을 떠나지 않겠나이다."라고 장담했었습니다. 이에 예수께서 대답하시기를, "내가 진실로 진실로 네게 이르노니 오늘 이 밤, 닭이 두 번 울기 전에 네가 세 번 나를 부인하리라."고 하셨습니다. 베드로는 "주님을 결코 버리지 않을 것"이라고 장담했지만 오늘 본문은 실패한 베드로의 초라한 모습을 보여주고 있습니다. 참으로 안타까운 모습입니다.

오늘 우리의 삶도 이와 비슷하지 않나 생각됩니다. 바위 위에 굳게 설 때가 있는가 하면… (박영재 설교)

위의 예도 베드로의 실패한 모습을 직접 설명하지 않고 반대급부의 내용을 먼저 언급했다. 즉 훌륭한 베드로의 모습을 먼저 밝히고 난 뒤 실패한 모습을 본문을 통해 설명해나갔다. 결국 반대 개념을 먼저 밝힘으로써 청중들이 본문 설명에 흥미를 느끼고 관심을 갖게 만들었다. 설교자가 반대급부의 얘기를 먼저 하는 것은 청중에게 긴장감과 동시에 흥미를 유발시킨다는 것을 기억하라.

설교에 긴장을 유지하는 원리들

1. 본문 설명을 짧게 하라.
2. 적절한 자극을 주면서 설교를 전개하라.
3. 청중이 이미 알고 있는 방향으로 전개하지 말라.
   - 가. 핵심 내용을 미리 흘리지 말라.
   - 나. 개요를 미리 밝히지 말라.
4. 상상력을 적극 활용하라.
5. 대조 혹은 비교를 통해 설명하라.

6 청중의 수준을 뛰어넘으라
청중의 수준을 넘어서는 아이디어는 설교를 참신하게 만든다

청중의 수준을 뛰어넘으라는 의미가 무엇인가? 구성이 엉성하고 전달력이 뒤떨어지는 설교는 표현이 유치한 탓만은 아니다. 여러 주제를 한꺼번에 좌충우돌식으로 전하거나 무엇을 전하려고 하는지 선명치 못하게 전개하기 때문만도 아니고, 청중을 압도할 만한 영력이 부족해서도 아니다. 설교가 죽을 쑤는 경우 가운데 하나는 설교의 내용이 청중이 알고 있는 수준을 뛰어넘지 못할 때이다.

예를 들어, 초등학생들 앞에서 설교를 하게 되었다고 하자. 설교 준비를 하지 않고서도 그들에게 도전을 줄 메시지를 전할 수 있다.

그들이 지적으로나 영적으로 수준이 낮기 때문이다.

그러나 지적, 영적으로 실력있는 평신도들이 모인 곳에서 설교자가 준비 없이 설교했다고 하자. 준비하지 않은 채 강단에 선다는 것이 두려울 것이다. 준비 없이 강단에 서서 외치게 되는 그 설교의 수준은 청중을 자극하거나 도전을 줄 내용이 빈약하기 때문이다. 그것은 곧 청중의 수준에 머무는 정도의 수준밖에 되지 않기 때문이다. 청중들은 지적, 영적인 면에서 자신들에게 아무런 자극을 주지 못하면 그 설교를 '맹탕'인 설교로 이해하고 만다. 헌신예배에서 자신들에게 강력한 도전을 주는 설교를 기대했는데 전혀 도전을 주지 못하는 기대 이하의 설교를 듣게 되었다면, 그들은 그 설교를 '횡설수설 설교'로 이해하게 된다. 그러므로 어떤 설교를 하든지 간에 청중의 수준을 뛰어넘는 내용의 설교가 되게 해야 한다. 즉 청중의 요구 수준을 뛰어넘는 설교이어야 한다.

좀더 구체적으로 다른 각도에서 언급해보자. 예를 들어, 어제 "성령으로 충만하라."는 내용의 설교를 듣고 은혜를 받았는데, 오늘 또다시 그와 똑같은 내용을 듣는다고 하자. 은혜가 될까? 설교의 내용 자체는 은혜롭다 할지라도 청중에게는 은혜롭게 들리지 않는다. 왜냐하면 그들이 "나도 다 압니다. 지루합니다. 지나갑시다!" 하고 생각하기 때문이다.

그러나 어제 들은 내용보다 더 강력한 메시지, 즉 그들이 알고 있는 수준보다 더 강력한 내용의 메시지가 선포되면 은혜로울 수 있다. 그러므로 설교자는 '내가 전할 메시지가 청중이 기본적으로 알고 있는 내용보다 더 깊이있는 내용인가?'를 생각해야 한다.

이를 위해서 설교자는 설교 준비과정에서 먼저 자신이 은혜를 받아야 한다. 설교자 역시 자신을 평신도의 한 사람으로 인정하고 자신이 준비한 설교에 먼저 은혜를 받아야 한다. 그러면 그 설교는 청중의 수준을 뛰어넘는 설교가 되며, 강단 위에서도 역시 은혜로운 설교를 전할 수 있게 되는 것이다.

왜 청중의 예상을 뛰어넘어야 하는가?

우리의 설교가 청중의 예상을 뛰어넘지 못하면 그 설교는 청중에게 지루함을 준다. 또 영적 도전을 줄 수 없게 되고 영적 성장을 멈추게 한다. 많은 성도들이 교회에서 갈등하는 이유가 무엇인가?

한 평신도가 예배 시간에 종이 위에 낙서를 하고 있었다. 그 모습을 몇번 목격한 부목사가 한 번은 물어보았다고 한다. "왜 집사님은 설교시간에 불편한 얼굴을 하고서 낙서만 하느냐?"고. 그때 그분이 하는 말이 "목사님의 설교는 내게 전혀 자극을 주지 못해요. 아침마다 말씀을 묵상하는 큐티에서 얻는 것보다 더 수준 낮은 설교를 하시는데 내가 어떻게 그 설교를 듣고 있겠습니까?"라고 대답했다고 한다. 참으로 두려운 일이다. 설교자에게 경종을 울려주는 예이다. 오늘 우리들의 설교를 듣는 성도들 가운데 이런 생각을 가진 이들은 없는지 두려울 뿐이다. 그러므로 청중의 예상 수준을 뛰어넘어야 하는 이유는 자명하다.

청중의 예상 수준을 뛰어넘지 못한 설교의 예들

첫째, 진부한 표현들을 사용한 설교는 청중의 수준을 뛰어넘지 못하는 설교이다. 가끔 설교를 써 내려가다 보면 나도 모르게 진부한 표현을 사용할 때가 많다. 그러면, 이게 아니다 싶어 얼른 지운다. 설교자가 자신의 설교에서 진부하다고 느끼는 부분은 역시 성도들에게도 도전을 주지 못하는 부분임에 틀림없다. 우리가 종종 진부한 표현을 쓰게 되는 경우를 예로 들어보자. 아래는 가정의 달을 맞이하여 전한 설교이다.

> 많은 사람들은 행복을 추구합니다. 그래서 이 행복을 찾기 위해 물질을 쌓습니다. 또 건강을 유지하려고 발버둥칩니다. 어떤 사람은 명예의 노예가 됩니다. 또 어떤 분은 권세의 노예가 되기도 하고 또 어떤 분은 학식의 노예가 되고자 불철주야 노력합니다. 또 어떤 분은 높은 직위에 오르려고 별의별 기를 다 씁니다. 그러나 이 모든 것들을 다 얻는다 해도 가정의 평안만큼 더 중요한 행복의 조건은 없습니다.(모 목사)

위의 표현은 진부하다. 귀에 못이 박히도록 들어온 표현이기 때문이다. 게다가 열심히 일하는 사람들을 총체적으로 부정하는 태도가 깔려 있어 더욱 안타깝다. 이런 설교는 청중들을 전혀 이해시키거나 설득시키지 못한다. 오히려 열심히 일하는 사람들의 사기만 저하시킨다. 가정의 평안을 강조하는 대목에서 설교자는 차라리 이렇게 하는 것이 더 낫지 않을까?

> 많은 사람들이 행복을 추구합니다. 이를 위해 사람들은 열심히 돈을

법니다. 혹은 학식을 쌓습니다. 그러나 돈이나 학식보다 더 중요한 것은 건강입니다. 하지만 건강보다 더 중요한 것은 가정의 평안입니다. 아무리 돈이 많고 학식을 많이 쌓는다 할지라도, 또 아무리 건강하다 하더라도 가정이 평안하지 못하면 결코 행복하지 못합니다. 그러나 가정이 평안하면 가난에 쪼들리고 건강에 이상이 좀 있어도 따스함을 느낄 수 있습니다. 행복을 맛볼 수 있습니다. 가정은 하나님이 우리에게 주신 행복의 기초요 요람입니다. 이런 맥락에서 가정의 평안만큼 더 중요한 행복의 조건은 없습니다. 가정은… (박영재 설교)

후자의 예가 더 바람직하다. 왜냐하면 더 신선할 뿐만 아니라 사람들의 일반적인 추구를 거부하지 않는다. 어느 정도 인정하고 있다. 무엇보다 표현이 신선하지 않은가? 신선하다는 말은 청중이 예상할 수 있는 방향으로 전개하는 것을 말하지 않는다. 예측할 수 없는 방향, 그것이 곧 신선한 표현이다. 그러므로 진부한 부분들을 배제하고 신선하게 표현하도록 창의력을 발휘하라.

둘째, 강조한 부분이 청중의 상식수준을 벗어나지 못하면 이 또한 죽을 쑤는 경우가 된다. 우리의 설교 내용은 초대교회 시대부터 5가지의 케리그마에 초점이 맞춰졌다. 즉 그리스도의 수육, 고난, 부활, 승천, 재림에 대한 내용이다. 웬만한 성도들은 이러한 내용들에 이미 익숙해 있다. 그들이 잘 알고 있는 이러한 내용을 증거할 때마다 성도들은 "다 아는 얘기를 하시는군요. 지루합니다." 하는 태도를 취한다. 그렇지만 그들이 다 알고 있는 내용일지라도 여전히 이 복음의 핵심인 5가지 케리그마를 우리 설교의 동일한 핵심으로 삼아야 함은 두말할 필요가 없다.

그런데 문제는 어떻게 성도들이 식상해하는 수준을 벗어나서 항상 새롭고 신선한 내용으로 들려지도록 만드느냐 하는 것이다. 구태의연한 방법으로 전달하면 지루하거나 아무런 기대감 없이 설교를 듣게 만든다. 이것이 곧 성도의 수준을 뛰어넘지 못하는 설교다.

위에 예로 든 경우는 청중들도 다 아는 내용이 아닌가? 이런 말을 하면 청중은 너무 많이 들어온 것이어서 식상해한다는 사실을 기억해야 한다.

청중의 예상을 뛰어넘은 전달되는 설교의 예들

청중의 예상 수준을 뛰어넘기 위한 좀더 적극적인 방법을 생각해보자. 이를 위해서 '개구리 상징'의 개념을 활용해볼 필요가 있다. 즉, '밟고 올라서라'의 개념을 사용하라는 것이다. 이 개념은 개구리가 뛰어오르기 위해 움츠린 뒷다리를 힘차게 차면서 위로 치솟는 모양을 비유로 삼은 것이다. 예를 들어보자.

■ A단계

… 그러면, 이런 삶의 의욕은 어디서 오는 것입니까? 그것은 미래의 꿈에 사로잡힐 때입니다. 꿈에 사로잡힌 사람은 삶의 난관도 수치도 이겨낼 힘이 있습니다. 미래에 대한 비전이 분명하다면 아무리 힘들고 어려워도 삶을 적극적으로 살아갈 수가 있습니다. 열심히 사는 삶, 얼마나 아름답습니까?

사랑하는 성도 여러분, 삶을 아름답게 하고 긍정적으로 살아가게 만드는 이런 꿈이 있습니까? 저는 여러분의 가정에서, 직장에서, 학교에서, 교회에서, 그리고 지금 하고 있는 일들 속에서 삶을 풍성하게 만드

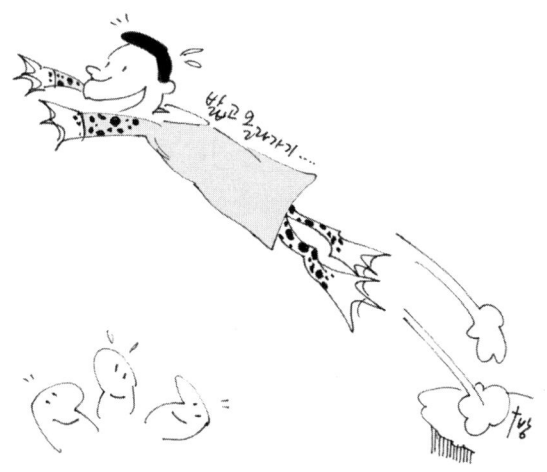

는 이런 꿈에 사로잡히시길 바랍니다.

■ B단계

　그런데 문제는 우리의 꿈이 어떤 종류인가 하는 것입니다. 아무 꿈에나 사로잡혀 산다고 모든 삶이 다 아름다운 것은 아닙니다. 어떤 꿈을 꾸며 사는가 하는 것이 중요합니다. 어떤 꿈들은 막상 이뤄놓고 보면 허전하고 후회스럽기도 합니다. 최근 정계에 입문했던 어떤 분은 평생의 소원인 정치가의 꿈을 이뤄냈습니다. 그러나 정치에 환멸을 느끼고 곧 은퇴했습니다. 이것은 후회감만 더해준 일시적인 꿈이었습니다.

　그리고 보면 우리가 꾸어야 할 꿈은 나중에 후회하게 만드는 꿈이어서는 안됩니다. 진정한 꿈은 생의 마지막에 정말 잘했다고 확신할 수 있는 것이어야 합니다. 우리의 생애를 찬란히 빛내고 모든 사람이 부러워할 꿈이어야 한다는 말입니다. 생의 마지막에 이루어진 꿈을 보며 승리의 기쁨을 누릴 수 있는 그런 꿈 말입니다. 여러분에게 이런 꿈이 있습니까?

오늘 본문 창세기 37장 5절은 바로 그런 꿈에 사로잡힌 사람의 이야기입니다.…(박영재 설교)

위의 A단계는 청중의 수준에 맞거나 조금은 그들에게 도전을 주는 듯싶다. 즉 사람은 꿈에 잡혀 살아가야 한다는 평범한 내용을 전한다. 그러나 B단계로 넘어가면서 A단계가 충분치 않음을 밝히고 있다. 결국 설교자는 B단계를 말하고자 하는데, A단계를 밟고 올라서는 수순을 따른 것이다. B단계를 직접 설명할 수도 있었지만, 그보다 낮은 단계인 A단계를 사용함으로써 B단계의 정당성을 더 분명히 확보한 것이다.

■ A단계

…본문에서 우리는 참으로 가련한 여인을 봅니다. 이 여인은 혈루증을 치료하고자 수많은 의사를 찾아갔습니다만 병만 더 심해졌습니다. 그것뿐만이 아닙니다. 12년 동안의 치료비 때문에 가산을 모두 날려버렸습니다. 무일푼이 된 채 병만 더 심해졌을 뿐입니다. 비참한 신세가 되었습니다.

■ B단계

사람이 이쯤되고 나면 정신도 병이 들기 쉽습니다. 치료 초기만 하더라도 "누군가 나를 낫게 해주겠지." 하는 희망섞인 기대를 했습니다만, 지금은 "이젠 어느 누구도 날 낫게 할 수 없을 거야." 하는 절망적인 사람이 되어버립니다.

■ C단계

그뿐만이 아닙니다. 저주받은 사람에게만 주어진다는 혈루증이 자신에게서 떠나지 않는 것을 보면서 "나는 정말로 저주받은 인생인가보다" 하는 부정적인 생각이 점점 굳어지는 법입니다. 부정적 자기 이미지와 함께 살 소망조차 상실한 여인, 이쯤되고 보면 더 이상 버티기가 힘든 것 아닙니까?

그런데 그 여인의 귀가 번쩍 뜨이게 만드는 일이 벌어집니다.…

(박영재 설교)

A단계는 본문에 나타나는 내용이다. 즉 성도들도 눈치챌 만큼 외형적으로 드러난 수준이다. 그러나 설교자는 성도들이 쉽게 눈치채지 못하는 더 깊은 내면의 세계를 찾아내야 하는데, 그것이 B단계이다. A단계를 기초로 생각해볼 때 희망을 잃은 모습의 여인상을 찾아낼 수 있다. 게다가 설교자는 B단계보다 더 깊은 내용을 영적인 통찰력으로 찾아내고 있다. 바로 구약 사상에 관련된 C단계의 내용이다. 결국 A단계에서 B단계를 거쳐 C단계로 가기까지 계단을 밟고 올라가고 있는 듯한 느낌을 준다. 힘이 느껴지는 것이다.

그런데 만약 위의 전개를 아래와 같이 했다고 하자. 어떻게 느껴지는가?

12년 동안 혈루증으로 갖은 고생을 다 하며 병 낫기를 원했지만 점점 중해져가기만 한 여인은 이제 살 소망까지 잃어버립니다. 가산을 모두 탕진하고도 아무것도 얻지 못한 이 여인은 이제 자신이 저주받은 인생은 아닌가 하는 고통에 시달립니다. 절망 속에서 외롭고 슬픈 삶을 살아가고 있는 여인이 된 것입니다. 돈 잃고 몸까지 버린 안타까운 모습입니다.

위와 같이 한다면 무엇이 문제인가? 청중의 심리가 선명하게 정리되도록 설명하지 못하고 있다. 그야말로 뒤죽박죽인 셈이다. '밟고 올라가는 개념'을 잘 사용하는 설교자 가운데 곽선희 목사를 들 수 있다. 예를 들어본다.

■ A단계

다 경험해보신 바대로 세상에 어려운 일이 많다고들 하지만 가장 어려운 일은 자기 자신을 다스리는 것(self-control)입니다.

■ B단계

그런데 자기를 다스리는 것보다 더 어려운 일이 있습니다. 그것은 겸손입니다. 겸손은 모든 축복을 받는 그릇이요 모든 은혜의 근본입니다. 그런 줄 알면서도 겸손하기가 이렇게 힘이 듭니다. 겸손해보지 않은 사람은 모를 것입니다. 요즘 젊은이들의 말대로 자존심 부러지는 소리가 뚝뚝 납니다. 특별히 교만한 사람 앞에서 겸손하기가 힘이 듭니다. 잘 났다고 하는 사람 앞에서 고개 숙이기가 어렵습니다. 그러나…

(곽선희, 「희락의 복음」)

곽 목사는 '겸손'의 어려움에 대한 주제로 들어가기 전에 A단계에서 '자기 자신을 다스리는 것'의 어려움에 대해서 언급했다. A단계 자체로는 청중에게 아무런 도전을 주지 못한다. 그러나 A단계를 일부러 언급했다. 그리고 A단계를 밟고 B단계로 나아갔다. 이러한 접근은 B단계를 설명하면서 청중들에게 겸손하기가 얼마나 어려운 가를 더 절실히 느끼게 한다.

결국 겸손하기가 어렵다는 것을 극대화시키는 효과를 가져오게 된다. 그럼에도 그런 어려운 일을 감당하는 것이 얼마나 귀한 일인가를 말하고 있는 것이다. 결국 A단계를 밟고 올라감으로써 B단계를 강조하여, 겸손한 삶의 고귀함을 선명히 드러내고 있다. 하나 더 살펴보자.

■ A단계

… 숨길 수 없는 사실은 그 모두가 다 죄 때문이라는 것입니다. 요즈음은 이 죄의 문제에 대해서는 듣기도 싫어하고 말하기도 싫어합니다. 심지어 어떤 이들은 "그 죄 문제 좀 이야기하지 마시라."고 목사에게 주문까지 한답니다. 그러나 교회에서는 죄의 문제를 빼놓고는 할 말이 없습니다. 이 죄의 문제를 해결하는 것이 우리 삶에서 가장 중요한 문제라고 해도 과언이 아닙니다.

■ B단계

누구에게나 죄의 문제는 참으로 심각합니다. 여러분, 혹 자식이 말썽을 부립니까? 그러나 그것 때문에 고민스러운 것이 아닙니다. 내가 부모에게 불효했다는 사실 때문에 괴로운 것입니다. 내가 병들어서 괴로운 것이 아닙니다. 결국은 병상에서 생각해보니 그동안의 모든 잘못된 일들이 생각나기 때문에 괴로운 것입니다. 죽음이 눈앞에 다가온다고 해서 괴로운 것이 아닙니다. 분명히, 이 죄인 이대로는 하나님 앞에 갈 수 없다는 것을 알고 있기 때문에 숨길 수 없는 괴로움에 시달리는 것입니다.

■ C단계

그런데 더 큰 문제가 있습니다. 그것은 죄책의 원인을 모르고 있다는 것입니다. 우리는 때로 원인을 알 수 없는 죄책에 시달립니다. 그래서 현대인들은 불안이란 어쩔 수 없는 것이라고 말하기도 합니다. 그러면 "그 불안은 왜 일어나며 무엇인가?"라고 할 때 그들은 그것이 단지 이유를 알 수 없는 고민이라고만 대답합니다. … (곽선희, 「희락의 복음」)

위의 예에서 보듯 곽선희 목사는 A단계만으로도 청중에게 자극을 주기에 충분한 내용을 전했다. 그러나 그는 그것에 만족하지 않았다. 그가 B단계를 언급할 때 이미 현대 청중은 상당한 자극을 받는다. 하지만 그것도 부족하여 더 큰 충격인 C단계로 넘어간다. 곽 목사의 설교는 이처럼 끊임없이 자극을 주면서 단계적으로 도약하는 특징이 있다. 결국 곽 목사가 말하고자 하는 내용은 A가 아니었다. B나 C단계였다. 그런데 꼭 전하고 싶은 말을 곧바로 직접 하지 않고 A단계를 거쳐 B단계, C단계로 점진적으로 진행시켰다. 효과가 큰 방법이다. 그러므로 '밟고 올라가는 개념'을 설교에 활용하라.

자, 이번에는 예화와 더불어 진행되는 '밟고 올라서라'의 개념을 활용해보자.

■ A단계

미국에서 목회할 때, 술을 많이 마신 탓으로 위장에 이상이 생겨서 입원을 하게 된 교인을 방문한 적이 있습니다. 평소 제가 그분을 뵐 때마다 "성도님, 술이 몸에 해롭습니다. 멀리하시지요."라고 권하곤 했습니다. 그러나 그분은 "목사님, 끄덕없습니다." 하며, 언제나 저의 충고를 거절했습니다. 망가진 몸으로 누워있는 그분에게, "성도님, 이번 기회에 술을 끊으시지요." 했더니, "목사님, 목사님의 말씀이 옳습니다. 이젠 술을 끊겠습니다." 하며 진지한 반응을 보였습니다.

■ B단계

사람은 언제 깨닫습니까? 소중한 것을 잃어버리고 나서야 그 귀중성을 깨닫습니다. 몸을 버리고 나서 건강의 귀중성을 깨닫고 가족을 잃고 나서야 가족의 소중함을 압니다. 못마땅히 여기던 직장이지만 그만두고 난 뒤 그 직장이 생각납니다. 불만스러워 떠난 교회였지만 그 교회가 괜찮은 교회였다고 느껴집니다. 이처럼 당하고 나서야 깨닫는 사람이 있습니다. 안타깝지요. 그러나 당하고 나서도 깨닫지 못하는 사람도 있습니다. 더 안타까운 사람입니다.

지혜로운 사람은 당하고 나서 깨닫는 사람이 아닙니다. 당하기 전에, 일을 그르치기 전에 미리미리 불행이나 아픔을 막는 사람입니다. 그러므로, 지혜로운 사람은 건강에 이상이 오기 전에 미리 방비하는 사람입니다. 가정에 위기가 닥치기 전에 위기의 싹을 자르는 사람이며, 직장생활에 안타까운 일이 발생하기 전에 그 일을 미리 막는 사람입니다. 지혜로운 성도는 교회생활에 불만이 더 커지기 전에 그 불만스런 마음을 감사로 바꾸려는 의지를 지닌 사람입니다.

■ C단계

그러면 어떻게 해야 귀중한 것을 잃지 않고 재난을 미리 막을 수 있을까요? 어떻게 해야 지혜로운 삶을 살 수 있을까요? 오늘 하나님의 말씀은 그 지혜를 우리에게 가르칩니다. … (박영재 설교)

청중의 예상을 뛰어넘는 설교는 청중의 관심을 사로잡는다. 청중이 익히 알고 있는 수준에서 설교가 맴돌면 그 설교는 지루한 설교가 된다. 그러므로 청중의 수준에서 설교를 시작하라. 그러나 설교를 전개해나가면서 청중의 지성을 자극하는 단계적인 논리를 펼치라. 그것은 곧 청중의 정신을 번쩍 뜨이게 만든다. 설교에 집중하게 만든다.

청중의 예상 수준을 뛰어넘는 원리들

1. 진부한 표현을 피하라.
2. 익히 알고 있는 사실이나 개념을 참신하게 표현하라.
3. '밟고 올라가라'의 개념을 활용하라.

2

진부함에 빠지게 하는 내적 요인들

7 평범한 본문을 독특하게 만들라
8 힘을 불어넣으라
9 들리게 말하라
10 감정에 파도를 치게 하라
11 귀납법적 접근을 하라
12 주입하려 하지 말고 설득하라

전달되는 설교를 위한 강력 커뮤니케이션 법칙

7 평범한 본문을 독특하게 만들라

평범한 본문을 독특하게 만드는 창의력은 설교를 매력있게 한다.

성경에는 비슷한 내용을 담고 있는 구절들이 참으로 많다. 예를 들면, 복음의 5가지 케리그마(예수님의 수육, 죽음, 부활, 승천, 재림)를 비롯해서 중보기도, 영적 승리, 영적 혹은 도덕적 실패, 전도, 희생, 봉사, 순종 등 이루 헤아릴 수 없는 주제들이 수많은 구절들 속에서 동시에 발견된다. 그래서 설교를 위한 구절 선택이 다양하더라도 설교의 내용은 늘 비슷할 수도 있다. 그래서 독특성 없이 다 그게 그것인 것처럼 비슷한 설교를 하게 된다. 그러나 같거나 비슷한 주제를 포함하고 있는 본문이라 할지라도 그 본문 속에는 다른 본문과는 다른 나름대로의 독특한 면이 있다. 설교자는 바로 이 독특한 면을 찾아내어 설교에 연결시켜야 한다. 결국 그 독특한 본문을 통해서 독특한 설교를 만들어내는 것이다.

왜 본문을 독특하게 만들어야 하는가?

내가 고등부 시절 다니던 교회의 한 전도사의 설교는 지금도 기억이 나는데, 어떤 본문을 놓고 설교하든지 결론은 거의 같았다. 예를 들어, 결론은 늘 순종하라, 기도하라, 말씀으로 충만하라, 성령으로 충만하라, 헌신하라, 봉사하라, 영적 생활에 깊이를 더하라 등이었다. 수많은 설교 속에서 그의 설교 주제는 이런 주제들을 크게 벗어나지 못했다. 지금 생각해보면 그의 신앙의 폭과 성경을 보는 안목이 제한되거나 협소하여 다양한 성경 본문을 몇 가지 주제로만 축소시켜버리는 오류를 범한 것으로 생각된다.

이렇게 설교에서 몇 가지 주제만을 반복적으로 듣는 청중들은 곧 식상해한다. 뿐만 아니라 성경 속에 내포된 다양한 주제의 목소리를 듣지 못하는 편식을 하게 된다. 설교자 입장에서는 본문의 다양한 목소리를 축소시키는 잘못을 범하는 것이 된다. 그러므로 설교자는 모든 본문마다 그 독특성과 매력을 최대한 살려서 설교해야 한다. 그래야 설교가 늘 신선하고 새로워진다. 또한 청중도 설교에 기대감을 갖고 영양을 골고루 취하게 된다. 결국 설교자는 평범해 보이는 본문들 속에서 다른 설교 주제와 차별화될 수 있는 독특성을 찾아내야 하는 것이다.

본문을 독특하게 만들지 못한 설교의 예들

자, 그러면 어떤 설교가 본문을 독특하게 만들지 못한 경우에 해당되는 것일까?

첫째, 본문의 전후 문맥이 갖는 특별한 상황을 무시하고 평범하게 설교를 만들면 독특성을 상실하게 된다. 여호수아 3장 1-6절을 설교하면서 모 목사는 본문에서 두 가지 사실을 끄집어내었다. 첫째는 이스라엘이 요단강을 건너기 직전에 하나님께서 그들에게 성결케 하라고 말씀하셨다는 사실, 둘째는 그들이 언약궤가 앞서 요단강을 건너는 것을 보고 뒤따라가라는 명령을 받았다는 사실이다. 그리고 그 설교자는 첫번째 개요를 이렇게 만들어 전했다. '성도의 영적인 삶'이란 제목으로 그는, "성도의 삶은 첫째, 영적으로 순결해야 합니다. 도덕적 순결을 지키는 것이 진정한 성도입니다."라고 하였다.

이 설교 내용이 별 무리가 없는 것처럼 느껴질 수도 있다. 그러나 내게는 문제가 있는 것으로 보인다. 왜냐하면 본문의 앞뒤 상황에 대한 인식 없이 본문 자체만을 보고 설교했기 때문이다. 그래서 설교가 힘이 없고 긴장감을 잃게 된다. 본문의 독특성을 활용하지 않았기 때문이다. 그렇지만 본문의 앞뒤를 살피면 본문이 주는 독특성을 발견하게 되고 설교에 매력과 긴장을 더하게 만들 수 있다.

그러면 여호수아 3장 1-6절의 독특성은 무엇인가? 그것은 하나님께서 이스라엘에게 이 두 가지 명령을 내리신 시기를 활용하는 것이다. 즉 그들이 요단강을 건너기 바로 직전에 있었다는 사실이다. 우리가 이러한 사실을 설교에 적극 활용할 때 설교는 독특해지는 것이다. 자, 어떻게 달라지는지 보자.

여호수아 3장 1-6절은 이스라엘이 요단강을 건너기 직전에 있을 때에 하나님이 그들에게 두 가지 명령을 내리시는 장면입니다. 요단강 도하(渡河)는 이스라엘 백성에게는 40년 동안을 기다려온 가장 큰 행사였습니다. 그러한 그들에게 하나님은 첫번째 명령을 내리십니다. "너희는 마음을 성결케 하라." 큰 일을 앞둔 그들에게 왜 마음을 성결케 하라고 말씀하셨을까요? 물론 여러 이유가 있을 수 있지만 그 중 하나는 그들의 인간적인 생각을 제거시키려는 것이었습니다. 그들은 요단강 도하가 하나님의 뜻인 것을 알면서도 요단강 너머에 도사리고 있는 힘센 원주민들을 물리쳐야 하는 부담을 가지고 있었고, 또 모맥시기라 한강처럼 폭이 넓고 깊은 요단강을 건넌다는 것이 불가능하리란 생각이 들었습니다. 요단강 도하의 꿈을 이루게 되었다는 벅찬 감격 속에서도 다른 한편으론 의심과 두려움에 사로잡혀 있었던 것입니다. 하나님은 그들의 믿음의 한 구석에 자리잡은 인간적인 불신앙의 찌꺼기, 바로 이것을 제거하길 원하셨던 것입니다. 그리고 오직 하나님이 갖게 해주시는 믿음의 태도, 즉 요단강을 건너는 것에 대한 믿음의 확신만을 갖길 원하셨던 것입니다. (박영재 설교)

여기까지가 본문 설명이다. 이제 이 본문 설명은 "성도가 영적 순결을 지켜야 한다."는 것을 강조하기보다 큰 일을 앞둔 그들이 큰 일을 잘 치뤄내는 데 방해가 될 수 있는 의심과 회의를 버리고 오직 담대한 확신을 갖게 하는 데 강조점을 둔다. 결국 위의 모 목사가 만들어낸 설교 개요보다는 훨씬 더 독특하지 않은가? 이 독특성은 본문의 특별한 상황을 인식하고 있을 때 얻어질 수 있는 것이다. 독특하게 만들어낸 본문 설명을 또한 독특하게 적용해야 한다. 교회가 건축을 앞둔 상황에서 전하는 다음과 같은 설교의 예를 보자.

사랑하는 성도 여러분, 우리는 하나님이 기뻐하시는 교회 건축을 시작하게 되었습니다. 우리 교회 행사 가운데 가장 큰 행사인 이 일에 우리 모두가 기쁨으로 적극 참여하기로 했습니다. 어떤 분은 자신이 살아 있는 동안 하나님의 전을 건축하는 데에 쓰임받는 것이 얼마나 기쁜 일인지 모른다고 말하기도 합니다. 아마 우리 대다수가 이런 생각들을 가지고 있을 것입니다. 하지만 어떤 때에는 마음 한 구석에 '꼭 건축을 해야 하나?' 혹은 '부담되네.' 하는 생각이 순간순간 찾아들 수도 있습니다. 또 아예 교회를 떠나고 싶은 생각이 들 수도 있습니다. '교회 건축이 이뤄진다니 얼마나 좋을까?' 하는 기대감을 가지면서도 한편으론 소극적이고 부정적인 생각이 우리 마음속에 스쳐 지나갈 수 있습니다. 넉넉지 않은 살림을 꾸리고 있는 여러분들이 이러한 인간적인 생각을 가질 수도 있다는 것을 충분히 이해합니다.

사랑하는 성도 여러분, 그렇지만 저와 여러분이 성전 건축이 하나님의 뜻임을 확신하고 있는 이상 우리는 스쳐 지나가는 이러한 불결하고도 인간적인 생각에 끌려다녀서는 안 될 것입니다. 행여 이러한 인간적인 생각이 남아 있다면 하나님은 지금 우리 속에 있는 그러한 태도를 다 제거하고 오직 하나님이 주시는 정결한 생각만을 품기 원하시는 줄 믿습니다. 큰 일을 앞둔 이스라엘에게 그 일을 성공시키려고 마음을 성결케 하라고 명령하신 그 음성이 오늘 저와 여러분의 것이 되길 바랍니다. 교회 건축이 끝날 때까지 순간적으로 연약하고 부정적인 인간적인 생각이 스칠 때마다 하나님께 "나의 생각을 정결케 만드시고 오직 감사와 확신에 찬 생각만을 갖게 하옵소서." 하고 기도할 수 있는 저와 여러분이 되기를 바랍니다. (박영재 설교)

이것은 본문의 독특성을 최대한으로 살린 적용이다. 본문 설명이 독특하게 전개되기 때문에 적용 또한 거기에 걸맞는 독특한 적용이 이뤄진 것이다. 교회의 큰 일은 건축뿐 아니라 영적 사경회, 전도폭발대회 등 여러 가지가 있다. 이러한 교회의 여러 큰 행사들에도 얼마든지 적절한 적용을 할 수 있다. 또 개인적인 일, 즉 사업을 시작하는 일, 직장을 잡는 일, 결혼하는 일, 교회의 중책을 맡는 일 등이 있다. 이러한 큰 일들을 앞둔 이들에게도 설교자는 위의 본문을 독특하게 적용하거나 활용할 수 있다.

본문을 독특하게 만든 전달되는 설교의 예들

이제 좀더 적극적으로 본문을 독특하게 취급하는 예를 보자.

> 오늘 본문 출애굽기 15장 22-27절은 이스라엘 백성들이 홍해를 건넌 뒤 마라에 이르러 마실 물이 없다고 원망하는 장면입니다. 하나님과 모세를 향해 일제히 원망을 분출시키는 현장을 밝히고 있습니다. 그런데 그들이 원망하게 된 상황을 살펴보면 그 태도가 매우 독특합니다. 3일 전만 하더라도 그들은 홍해를 건넌 직후 홍해를 가르는 기적을 베푸시며 자신들을 구원하신 하나님의 위대하심과 선한 인도하심에 감사하며 찬양했습니다. 그러나 3일이 지난 지금 그들은 감사하고 찬양하던 믿음이 사라지고 원망하고 실망하는 자리에 와 있게 된 것입니다.
> 오늘 여러분의 삶 가운데서 이런 마라의 현장에 와 계신 분은 없습니까? 결혼 생활에서, 우정을 나누는 삶 속에서, 직장생활 속에서, 교회생활 가운데서 감사와 사랑으로 시작했지만, 지금 실망과 원망의 현장에 와 있지는 않습니까? (박영재 설교)

위의 예도 본문 설명을 독특하게 끄집어냈다. 즉 본문의 전후상황을 인식할 때 그들은 감사했던 직후에 원망하게 되었음을 알 수 있다. 그런데 어떤 설교자가 위의 본문을 아래와 같이 설교했다고 하자.

오늘 본문은 이스라엘 백성이 마라의 현장에서 하나님과 민족의 지도자 모세를 원망하는 장면입니다. 3일 동안 마실 물을 발견하지 못한 그들은 가축이 쓰러지고 노약자가 쓰러지는 상황을 보면서 일시에 원망을 분출했습니다. 우리가 신앙생활하다보면 주변 환경으로 인해서 하나님이 원망스러울 때가 있습니다. 여러분의 결혼생활이나 직장, 가정, 교회생활에서 실망스럽고 원망스런 일들을 만날 때가 있습니다.

자, 위와 같이 설교했다면 무엇이 문제인가? 전자와 얼마나 다른가? 전자는 본문으로부터 독특한 상황, 즉 감사로 시작한 삶이 원망의 현장에 놓여 있다는 사실을 찾아냈다. 본문을 독특하게 취급한 것이다. 그러나 후자는 본문으로부터 독특성을 찾아내려 하지 않았다. 즉, "삶을 살다 보면 원망스러울 때가 있다."란 내용으로 평범하게 전개했을 뿐이다. 이런 설교는 결국 가치 없는 설교가 된다.

둘째, '적용'을 독특하게 취급하지 않으면 이 또한 매력적이지 못한 설교가 된다. 앞서 전자의 예에서 밝힌 본문 설명의 내용에 이어 적용을 만들어보자.

오늘 여러분의 삶 가운데 이런 마라의 현장에 와 계신 분은 없습니까? 결혼 생활에서, 우정을 나누는 삶 속에서, 직장생활 속에서, 교회생활 가운데서 감사와 사랑으로 시작했지만, 지금 실망과 원망의 현장에 와 있지는 않습니까?

사탕처럼 달콤한 결혼생활을 시작했지만 시간이 갈수록 서로의 단점이 보이며 하나 둘 실망하게 됩니다. 성격이 맞지 않아 자주 다투게 됩니다. 마침내 결혼을 후회하며 서로 간에 원망하는 자리에 와 있다면 이는 마라에 와 있는 것입니다.

처음에 우정을 나눌 때에는 좋은 친구 같고 없어서는 안 될 소중한 이웃으로 생각했습니다. 그러나 갈수록 모난 성격과 서로의 입장 차이가 드러나 더 이상 사귈 수 없는 상태가 되고, 서로 비난하는 자리에까지 내려갈 수 있습니다.

사업을 처음 시작하면서 이렇게 말합니다. "목사님, 집사님, 새로 시작하는 사업을 위해서 기도해주세요. 하나님의 이름으로 사업을 시작하렵니다. 그리고 돈 벌어서 하나님 사업에 적극 참여하렵니다. 저희 사업을 성공케 하실 줄 믿습니다." 하며 믿음으로 시작합니다. 그러나 시간이 갈수록 사업이 어려워지며 신통치 않을 때가 있습니다. 이때에 감사와 기대로 시작했던 믿음이 실망과 불신의 마음으로 바뀌어지기도 합니다.

신앙생활을 시작하면서, "저 목사님이야말로 내가 찾던 분이며 나의 신앙생활을 지도해줄 수 있는 믿을 만한 목사님"이라고 확신합니다. 또 "이 교회야말로 내가 기쁨으로 신앙생활할 수 있는 최선의 교회"라고 믿습니다. 그리고 그 교회에서 감사하며 신앙생활을 시작합니다. 그러나 시간이 갈수록 다른 교회와 별 차이점이 없어 보이고, 목회자의 단점도 보입니다. 교회에 정이 떨어집니다. 그래서 마침내 실망하고 원망하며 어쩔 수 없이 교회에

나가며 억지로 봉사합니다. 마라에 와 있는 것입니다.

사랑하는 성도 여러분, 희망으로 시작된 삶에 원망과 상처만 남을 때가 있습니다. 믿음과 용기로 시작했지만 우리의 삶이 실망과 후회만 남을 때가 있다는 말입니다. 그러면 이 마라의 현장에서 우리는 어떻게 벗어나야 합니까? (박영재 설교)

위의 설교에서는 본문 설명이 독특하게 취급되었기 때문에 적용 역시 독특하게 연결되었다. 본문 설명에서부터 적용까지 독특하게 연결되었다. 결국 사람들은 설교에 매력을 느끼게 되고 본문에 귀를 기울이게 된다. 이렇게 설교하면, 즉 모든 본문의 독특성을 살려서 독특하게 설교하면 설교는 항상 새롭다. 항상 매력있고 신선한 설교가 된다. 그러므로 본문을 독특하게 만들어 설교하라.

사무엘상 15장을 본문으로 설교하면서 본문을 청중의 삶에 독특하게 적용한 예를 살펴보자.

오늘 본문에서 사울 왕은 아말렉을 친 후 그들의 소유를 다 진멸하라는 하나님의 명령을 받습니다. 그러나 사울 왕은 그 말씀에 따르지 않고 소유를 남겨둡니다. 하나님의 엄격한 명령이었지만 그 음성을 외면합니다. 한때는 겸손했던 사울 왕이 어떻게 불순종의 사람이 되었습니까? 자고한 마음 때문입니다. 다 그런 것은 아니지만 높은 위치는 스스로도 모르게 자신을 교만하게 만듭니다. 모든 것을 명령하고, 하고 싶은 것을 다 할 수 있는 자리에 있다 보면 자고해지기가 쉽습니다. 자기의 의견이 최고이고 자신의 뜻이 언제나 관철되어야 한다고 생각합니다. 이러한 태도는 마음을 열어 하나님의 음성을 듣는 데 방해가 됩니다.

오늘 우리의 삶에도 바로 이와 같은 모습들이 나타납니다. 사람들이 자기를 따르고 사회적인 위치가 점점 높아질 때 개척교회 목사의 전도 체험담이 귀에 들립니까? 잘 들리지 않습니다. 돈 버는 재미를 톡톡히

보고 있는데, 돈 버는 것 중단하고 "일주일에 한 번은 하나님을 섬기며 삽시다." 하면 그 말이 소중하게 받아들여집니까? 똑똑하고 능력 있다고 인정받는데, "하나님 앞에서 겸손합시다." 하면 그 말에 공감하기가 쉽습니까? 신앙생활 안 해도 평안하고 세상 쾌락 다 즐기고 있는데, "교회 나와야 기쁨과 평안을 얻을 수 있다."고 하면 그 말이 제대로 들립니까? 들리지 않습니다. 언제 하나님의 말씀이 들립니까? 언제 깨달아집니까? 마음을 낮은 곳에 둘 때입니다. 겸손한 마음을 지녀야 하나님의 생명의 말씀이 내게 선명하게 들리는 법이며 그 말씀에 순종하게 되는 것입니다. 그러므로 우리는 어떤 자세를 가져야 하는지를 깨닫습니다. 물질이 늘어가고 지위가 높아진다 해도 마음을 낮추고 살아야 한다는 말입니다. (박영재 설교)

본문 설명을 독특하게 취급하면 적용도 독특하게 취급하게 됨을 기억하라. 우리의 설교가 항상 특별해야 하고 독특해야 함을 기억하라. 특히 청중들의 삶에 구체적으로 적용하려는 태도는 설교를 언제나 신선하게 만든다는 것을 기억하라.

본문을 독특하게 만드는 방법들

1. 본문의 전후 문맥을 찾아서 그 독특성을 찾아내라.

   아무리 평범해보이는 본문이라도 설교자가 설교의 독특성을 위해 본문을 독특하게 구성하고자 한다면 그 자료는 이미 본문 안에 있음을 기억하라.

2. 성도의 삶을 위한 적용을 독특하고 날카롭게 만들어라.

   평범한 적용은 설교를 식상하게 만들 뿐이다.

힘을 불어넣으라
역동적인 설교는 청중을 만족하게 만든다

김빠진 음료수는 정말이지 맹물보다 맛이 없다. 톡톡 쏘는 자극적인 맛, 그것은 음료수의 매력이요 힘이다. 설교도 이처럼 자극을 주어야 청중들의 관심을 끈다. 자극적이지 못한 채 엿가락처럼 길게 늘어지기만 한다면 청중들은 곧 지루해 한다. 또 짧게 설교한다 하더라도 청중에게 아무런 도전을 주지 못하는 빈약한 내용의 설교 역시 '하나마나' 한 설교이다.

왜 힘을 불어넣어야 하는가?

좋은 설교는 설교를 듣는 청중들의 마음속에 힘이 솟아오르게 만드는 설교이다. 현재의 영적 상태보다도 더 큰 기쁨과 희망, 감사, 그리고 더 큰 삶의 자신감이 설교를 듣는 가운데 솟아오르게 만드는 설교이어야 한다. 물론 설교의 중간중간에 청중을 질책하는 내용이 삽입될 수 있다. 그러나 그러한 질책도 긍정적 결론을 전제로 해서 청중에게 긍정적인 영향을 미치기 위한 것이다. 성도들에게 허물이나 잘못을 깨닫게 하는 자극적인 내용이 언급될 수 있지만, 그 자극들은 청중들에게 더 큰 희망과 더 큰 감사, 더 큰 기쁨과 더 큰 은혜의 맛을 보게 하기 위한 부수적인 것이어야 한다.

결국 설교를 듣고 난 뒤 청중들의 심적 상태가 깊이 감동되어 위로 끌어올려지는 듯한 감격을 갖게 만들어야 한다. 나는 성경연구를 하거나 설교를 써 내려가다가 잠시 멈춰야 할 때가 종종 있다. 가슴 속에서 벅차오르는 감격과 기쁨 때문에 더 이상 계속할 수가 없기 때문이다. 그래서 쉬었다가 다시 읽거나 쓰곤 한다. 어떤 때는 너무 감격되어 큰 소리로 외치거나 울고 싶어지기도 한다. 우리의 설교도 청중을 이렇게 만들어야 한다. 그들이 설교를 들으면서 감사에 넘쳐 소리치거나 감격해서 울고 싶게 만들어야 한다. 샘솟듯 솟아오르는 벅찬 가슴을 품게 해주어야 한다.

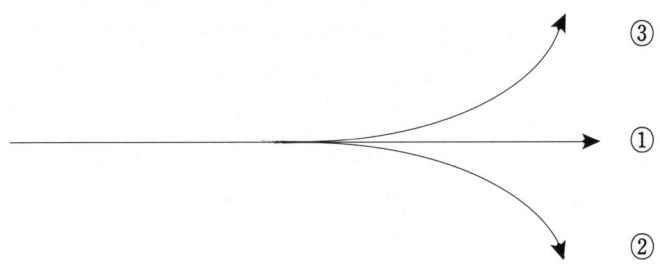

이것을 위의 그림을 통해 설명한다면, 1번의 선이 평지를 달리거나 2번의 하강곡선을 긋게 하는 것이 아니라 3번처럼 상승곡선을 긋게 만드는 것이다. 즉 결론을 향한 상승곡선은 결국 청중의 마음을 끌어올리는 것이다. 결국 마음을 끌어올리는 설교가 청중에게 힘을 솟아나게 하는 것이다. 그러면 청중에게 샘솟는 듯한 감동을 자아내게 할 방법은 무엇인가? 어떻게 하면 그들의 낙심된 마음을 소망으로 끌어올리며, 의심과 불평과 슬픔에서 확신과 감사와 기쁨을 갖게 할 수 있겠는가?

힘을 불어넣은 전달되는 설교의 예들

첫째, 긍정적인 사상을 호소할 때이다. 청중에게 희망을 불러일으키는 긍정적인 면은 그들의 삶에 자신감을 갖게 한다. 결국 청중을 감동시키는 것이다. 찰스 스펄전의 설교는 언제나 이런 점이 선명히 엿보인다. 스펄전의 설교를 예로 들어보자.

> 사랑하는 여러분, 우리가 그리스도와 함께하게 될 때, 그때는 온전한 교제를 나눌 것입니다. 그의 아름다움을 못 보도록 우리의 눈을 어둡게 하거나 그의 사랑으로부터 우리를 유혹해낼 죄는 전혀 없을 것입니다. 기쁘게도, 그곳에는 우리를 세상의 일터로 불러내는 월요일 아침도 없을 것이며, 우리의 거룩한 안식일이 영원히 계속될 것입니다. 의심과 타락과 영적인 냉기도 그때에는 영원히 사라져버리고 말 것입니다. 우리는 더 이상 "내 마음에 사랑하는 자를 너희가 보았느냐?"(아 3:3)라고 외치지 아니할 것입니다. 그 대신 우리는 그리스도를 붙들고 결코 떠나가시지 않도록 할 것입니다. 영혼이 잠들어버릴 리도 없으며, 그래

서 영혼의 기쁨이 중단되는 일도 없을 것입니다. 예수님과의 끊임없는 교제를 통해 영혼은 참된 안식을 찾게 될 것입니다. 이 세상에서 항상 예수님과 교제를 하며 살 수가 있습니다. 가능합니다. 그러나, 오, 그 얼마나 적은 무리만이 이런 자리에 이르고 있는지요! 그러나 그곳에서는 우리들 가운데 가장 낮은 자라도 모두 그와 같은 자리에 이르게 될 것이며, 우리는 영원토록 주님과 함께 있게 될 것입니다(찰스 스펄전, 「스펄전 설교전집」, 대구 보문 출판사, p. 62).

스펄전은 믿음의 긍정적인 면을 상상력을 통해 밝힘으로써 청중의 마음을 힘껏 끌어올리고 있다. 주님과 함께하는 현실과 미래의 삶에 나타나는 기쁨과 희망으로 가득 차 있다. 청중에게 자신감을 한껏 불어넣어주고 있는 것이다.

청중의 심리를 잘 끌어올리는 설교자 가운데 한 사람이 이동원 목사라는 생각이 든다. 이 목사의 설교를 보자.

… 에녹의 믿음은 증거가 있었습니다. 그 증거는 "하나님을 기쁘시게 하는 자"라는 것입니다. 이것이 귀한 증거입니다. 과거의 우리 문화 속에는 하나님을 기쁘시게 하는 자라는 표창은 없을지 모릅니다. 그러나 부모님을 기쁘시게 하는 자, 그는 효자로 표창됩니다. 남편을 기쁘게 한 자를 열녀라고 했습니다. 임금을 기쁘시게 한 자, 그는 충신입니다. 그러나 이런 표어가 따를 수 없는 영광스러운 성도의 행복이 있습니다. 하나님을 기쁘시게 한 자!

오늘 당신의 삶을 주께서 보실 때 "하나님을 기쁘시게 하는 자여!"라는 말을 들을 수 있습니까? 당신을 아는 이웃들이 "저 사람은 진실로 하나님을 아는 자"라고 말해주고 있습니까? 우리의 묘비에 이런 글자가 쓰여지기에 부끄럽지 않을 수 있을까요? "여기 하나님을 기쁘시게 하는 사람이 잠든다." (이동원, 「이렇게 믿으라」)

이 목사는 하나님을 기쁘시게 하는 자가 되고 싶도록 청중의 마음을 끌어올리고 있다. 즉 결론에 이를수록 마음이 벅차오르게 만든다. 또 다른 예를 보자.

… 몇 년 전 세종문화회관에 와서 노래를 부른 킴 윅스 자매가 있습니다. 그녀는 장님으로 빌리그레함 전도협회의 일원입니다. 그녀가 간증을 하는데 이런 말을 하였습니다. "저는 소경이기 때문에 사람들의 인도를 받습니다. 사람들은 십 미터 전방에 무엇이 있다고 일러주는 것이 아니라, 앞에 층계가 있으니 발을 옮겨놓으라 말하고, 앞에 흙탕물이 있으니 피하라고 말합니다. 저는 저를 인도하는 사람을 신뢰하고 한 걸음 또 한 걸음 옮깁니다. 그러면 언제나 목적지에 도달합니다." 그러면서 그녀가 말하기를 "저는 인생이 그와 같을 것이라고 생각합니다. 믿음으로 산다는 것이 그와 꼭 같을 것으로 생각됩니다. 나를 부르시고 인도하시는 주님을 신뢰하고 한 걸음 또 한 걸음을 옮기다보면 주께서 나를 위하여 예비하신 그 영광스런 목적지에 도착할 것을 확실히 믿습니다."

당신은 이 믿음의 발걸음을 내디딘 순간이 있었습니까? 아무도 이 세상에서 구별되어 하나님의 자녀가 된 믿음의 발걸음이 없이는 천국을 소망할 자격이 없습니다. 그 발걸음을 옮겨놓고 있습니까?

(이동원, 「이렇게 믿으라」)

이동원 목사는 청중의 가슴을 파고들면서 호소하고 있다. 예화 자체도 우리의 마음을 끌어올리는 역할을 하지만 예화 뒤에 이어지는 적용, 특히 질문들이 성도들의 마음에 긍정적으로 자극을 주면서 감동의 샘을 열게 만들고 있다. 결국 그 가슴이 뜨거워지도록 만들고 있지 않은가? 하나 더 살펴보자.

… 이제 우리는 바라바가 풀려나는 이런 상황을 어떻게 해석해야 하겠습니까? 바라바는 누구 때문에 산 것입니까? 예수님 때문에 살아난 것입니다. 이 사실을 놓치지 마십시오. 십자가가 예수님 자신의 자의적인 선택이라면 예수님 때문에 바라바는 산 것입니다. 정치적으로, 예수님이 죽었기 때문에 그냥 바라바가 살아난 것이 아니라, 실제로 예수님 자신이 자의적으로 선택하시고 그것을 원하셨기 때문에, 그리고 그 죽음의 자리를 취하심으로써 바라바는 살아난 것입니다.

교회 역사의 한 뒤편에 전해 내려오는 전승에 따르면, 바라바는 나중에 그리스도인이 됩니다. 그는 십자가의 죽음을 멀리서 지켜보았다고 합니다. 그리고 십자가를 바라보는 그 순간, 그의 마음 깊은 곳에서 이런 부르짖음이 쏟아져 나오기 시작했다고 합니다. "메시아여, 당신은 나 때문에 죽었습니다."

이렇게 그리스도인이 된 바라바는 그 후에 자기가 만나는 모든 사람들에게 예수 그리스도가 참메시아이신 것을 증언하며 다음과 같이 외치면서 평생 동안 복음을 전했다고 합니다.

"그분은 나 때문에 죽었습니다. 예수님은 나 때문에 죽었습니다." …

기억하시는지요? … "인자의 온 것은 섬김을 받으려 함이 아니라 도리어 섬기려 하고 자기 목숨을 '많은 사람들의' 대속물로 주려 함이니라." 그렇습니다. 십자가는 주께서 대신 취하신 자리입니다. 바라바의 고백은, 바라바의 부르짖음은 당신과 저의 부르짖음이어야 합니다. "예수님은 나 때문에, 예수님은 당신 때문에 죽으신 것입니다."(이동원,「거기 너 있었는가?」)

조용히 끝맺는 것 같아도 청중의 가슴이 결코 냉랭하지 않다. 갈수록 청중으로 하여금 가슴을 벅차오르게 만드는 감동적인 내용이다. 이동원 목사의 설교는 거의 모두가 이처럼 듣는 이들에게 힘을 불어넣어 준다. 마른 막대기가 물기를 빨아들여 생기를 얻듯이, 메마른 대지가 봄비를 만나 촉촉히 적셔지듯 그의 설교는 언제나 힘이 솟구치게 하고 감동케 만든다.

그러면 어떻게 해야 청중의 가슴을 뜨겁게 만들 수 있을까? 그것은 긍정적인 설교 내용으로 청중의 감정에 호소하는 것이다. 위의 예들을 보라. 전부 감정에 호소하는 것들이다. 감정에 호소하되 긍정적인 내용이어야만 결국 설교가 청중의 가슴을 뜨겁게 만든다. 효과적으로 청중의 감정에 호소하기 위한 구체적인 방법론은 이 책의 10장을 보라. 또 나의 첫번째 책인「설교자가 꼭 명심할 9가지 설득의 법칙」을 참조하라.

둘째, 청중을 끊임없이 깨닫게 하라. 그러면 힘을 불어넣는 계기가 된다. 힘을 불어넣으려면 청중에게 감동을 주는 차원만으로는 부족하다. 청중에게 끊임없이 깨닫게 하는 작업 역시 설교에 힘을 불어넣는 것이다. 청중을 지루하게 만들지 않고 긴장감을 주며 관심을 지속시키는 것이 곧 설교에 힘을 불어넣는 것이기도 하다. 그러면 어떻게 해야 청중들을 깨닫게 함으로써 설교에 힘을 불어넣을 수 있을까? 그것은 인간의 내면세계를 분석함으로써 가능해진다.

사람의 심리를 분석해내는 동안은 언제나 설교에 힘이 실린다. 사람들의 내면세계는 변화무쌍하다. 그들의 생각은 천당과 지옥을 오르내릴 만큼 복잡미묘하다. 그 내면의 세계를 날카롭게 분석하는 것은 결코 쉬운 일이 아니다. 그러나 그 복잡한 내면의 세계를 분석해내는 작업이 설교 속에 나타날 때 청중들은 그 설교에 매력을 느끼며 귀를 기울이게 된다. 아래의 예를 살펴보자.

··· 사람들이 언제 꿈을 포기합니까? 언제 자신감을 잃습니까? 언제 실망합니까? 언제 우쭐해집니까? 사람은 자기보다 못한 사람 앞에서나 자기보다 낮은 위치에 있는 사람 앞에서 우쭐해지는 법입니다. 왜입니까? 사람을 상대하기 때문입니다. 삶의 환경이 자신의 생각과는 달리 점점 수렁으로 빠져들 때, 내 힘으로는 도저히 감당할 수 없게 될 때, 사람은 자신감을 잃습니다. 꿈을 포기합니다. 왜입니까? 환경을 상대하기 때문입니다. 그러나 하나님을 상대하는 사람은 지위고하를 막론하고 누굴 대하든지 거만하지 않습니다. 남보다 꿈이 좀 일찍 이루어진다고 우쭐대지 않습니다. 왜입니까? 내가 이룬 것이 아니고 하나님이 이루신 것을 알기 때문입니다.

하나님을 상대하는 사람은 또한 삶의 환경을 바라보고 실망에 빠져 있지 않습니다. 꿈을 포기하지 않습니다. 왜입니까? 하나님만이 환경을 바꾸시고 주관하시는 분이란 사실을 알기 때문입니다. 그러므로 하나님을 상대하는 사람은 환경이나 사람을 상대하는 것이 아니라 그 환경 너머에 계시는 하나님, 사람을 다루시는 하나님을 의식하는 사람입니다.

문제가 발생했을 때 조급해하지도 않고 우쭐해하지도 않으며, 단지 그 문제의 해결자이신 하나님께 초점을 맞추는 사람입니다.

(박영재 설교)

위의 설교도 성도들의 심리를 분석한 것이다. 그리고 그 분석을 통해서 청중들이 깨달아야 할 부분이 무엇인가를 밝힌 것이다. 동시에 분석의 결과를 청중이 받아들이도록 호소하고 있다.

곽선희 목사의 설교의 뛰어난 특색 가운데 하나는 인간의 심리를 날카롭게 분석하며 설명하는 데 있다. 어떤 설교자들은 인간의 심리에 대한 분석이 평범한 수준에서 머물지만, 그는 우리가 표현하기조차 힘든 것들을 설교로 표현해낸다. 결국 그의 언어 표현은 설교를 항상 신선하게 만들고 청중을 설교에 빨려들게 하는 힘을 발휘한다. 그럴 수밖에 없는 것이 청중들의 심리를 분석해내고 있는데, 즉 자신들의 속마음을 밝혀내고 있는데, 어떻게 관심을 기울이지 않을 수 있겠는가? 예를 들어보자.

> 여러분들도 오늘 어떤 사람이 실패를 했다든가, 시험에 낙방했다든가, 아니면 병이 들었거나 어려운 일을 당했다고 하면 그를 찾아가 여러 가지로 위로의 말을 하게 될 터인데, 아마도 그런 일에는 다들 선생일 것입니다. 그리하여 "고난은 우리에게 필요한 것이니 다 유익한 것이라."는 등, 갖가지의 좋은 말로 마음을 어루만져주기 위해 최선을 다할 것입니다. 그런데 막상 자신이 그 일을 당하게 되면 이야기가 달라집니다. 그래서는 전혀 그런 이야기나 그런 진리를 모르는 사람처럼 행동해버린다는 말입니다. 고난의 맛은 쓰지만, 그 열매는 달다는 그 진리를 모르는 사람은 없습니다. 그러나 자기 문제로 부딪치게 될 때에는 다들 엉뚱한 소리를 합니다. 여기에 문제가 있습니다. …

(곽선희, 「흩어진 자의 행로」)

남의 고통에는 쉽게 선생이 되어 훈계하는 사람도 막상 자신이 직접 고통을 겪게 되면 달라지게 된다는 논리를 설득력있게 피력하고 있다. 이 논리는 결국 사람의 심리를 분석하는 데 기초하고 있다. 이러한 분석을 들으면 우리는 긴장을 늦출 수가 없게 된다. 왜냐하면 우리 자신의 모습을 보게 만들기 때문이다. 결국 이러한 심리 분석적 논리는 설교에 힘을 더해준다. 곽 목사의 예를 더 살펴보자.

> 여러분! 착하게 살아야겠다는 마음은 간절한데 돈 때문에 못합니다. 사랑하고 싶으나 돈 때문에 못합니다. 진실하고 싶으나 돈 때문에 안 됩니다. 고상한 인격을 바라고 싶으나 돈 때문에 이르지를 못합니다. 어쩌다가 이렇게도 꼼짝 못하는 돈의 노예가 되어버렸느냐는 말입니다. 몸이 묶인 것이 아닙니다. 마음이 묶였습니다. 의식이 묶였습니다. 생각도 느낌도 몽땅 묶여버렸습니다. 그야말로 비참한 노예가 아닐 수 없습니다. … (곽선희, 「흩어진 자의 행로」)

결국 인간이 돈의 노예가 되어 있음을 인간의 여러 심리를 노출시킴으로써 설명하고 있다. 이러한 분석을 듣는 동안 청중은 긴장하게 되고, 결국 설교는 힘을 지니게 되는 것이다.

곽선희 목사의 또 다른 예를 살펴보자. 그는 사람이 원망하는 이유를 사람의 심리 분석을 통해 설명함으로써 청중에게 긴장감을 불러일으켰다.

> 여러분! 우리가 가진 바 소원이 무엇입니까? 병원에 누워 있는 분이라면 "나의 소원은 건강한 몸으로 이 문 밖을 나가보는 것이다."라고 할 것입니다. 그러나 문 밖에 나가게 되면 이제는 돈 달라고 하게 되고, 돈이 생기면 또 다른 소리 하게 됩니다. 참으로 끝없는 이야기입니다.

> ... (사람이) 변덕이 없어야 원망이 없습니다. 이스라엘 백성들을 보면 애굽에 있을 때에는 오직 소원이 하나, 이제 애굽에서 나가 광야에서 죽더라도 자유인으로 죽고 싶었습니다. 그런데 조금 있다가는 물이 없다고 원망입니다. 물을 주었습니다. 이제는 배가 고프다며 떡과 고기가 없음을 원망합니다. 이에 하나님께서는 떡과 고기를 주셨습니다. 그러다가 마지막에 하는 저들의 이야기인즉, "왜 우리를 애굽에서 구원해 내었느냐?"고 원망입니다. 이것은 결코 다른 사람의 이야기가 아니더란 말입니다. (곽선희,「흩어진 자의 행로」)

이렇게 인간의 심리를 분석해내는 날카로움은 우리를 긴장감으로 몰아간다. 결국 그 분석이 설명되는 동안 청중들은 자신들의 원망하는 모습을 거울을 보듯 생생히 대하게 된다. 즉 자신들의 자아상을 보게 되는 것이다. 이렇게 되는 순간 그들은 긴장하게 된다. 결국 설교에 힘이 실렸기 때문이다. 그러므로 한 편의 설교 속에서 인간의 내면 세계를 분석해내는 부분을 반드시 내포시키도록 하라.

셋째, 설교에 힘을 불어넣기 위해 설교자는 자신의 삶을 말해야 한다. 설교자의 올바른 신앙태도나 영웅적 신앙태도는 청중에게 설득력을 발휘한다. 바울의 복음이 초대교회 성도들에게 잘 먹혀 들어갈 수 있었던 이유도 그가 자신의 변화된 삶을 보여주었기 때문이다. "죄인 중의 괴수였던…" 등의 내용을 서슴없이 밝히는 모습이 오히려 청중들의 가슴을 뭉클하게 만들었다. 아래의 예를 보자.

> 나는 교회에서 수석 부목사나 수석 장로라는 말을 사용하지 않습니다. 대신 선임 부목사나 선임 장로라는 말을 씁니다. 수석이라는 말과 선임이라는 말은 비슷해보여도 매우 중요한 차이가 있습니다. 수석이

라는 말은 '위치'가 강조된 표현이고, 선임이라는 말은 '임무'가 강조된 표현입니다.

  내가 수석 부목사, 수석 장로라는 말을 쓰지 않고 선임 부목사, 선임 장로라는 말을 쓰려고 하는 이유는 여러 부목사님들의 앞에서 일을 하는 사람은 보다 많은 책임을 수행하는 사람이어야 하며, 여러 장로님들의 앞에서 일을 하는 사람은 다른 장로님들보다 많이, 그리고 보다 먼저 책임을 수행하는 사람이어야 한다는 것을 나타내기 위함입니다. (김동호, 「지혜로운 건축자」)

이론을 말하기보다 자신의 삶을 말하고 있다. 청중이 못하는 것을 목회자 스스로가 행하고 있다는 것을 보여줄 때 청중들은 감동을 받는다. 김동호 목사의 또 다른 예를 보자.

  어느 지방 교회의 장로님께서 자기 교회에는 13억 원 정도의 기금이 있다고 자랑을 하셨습니다. 무슨 특별한 계획과 목적이 있으신가를 물었더니 그런 것은 없다는 것이었습니다. 그래서 제가 즉시 "그렇다면 죄입니다." 했습니다. 교회가 특별한 계획과 목적도 없이 무작정 13억 원의 돈을 쓰지 않고 모아두고 있다는 것은 절대로 잘한 일이 아닙니다. 우리 교회에는 12여전도회가 있습니다. 작년 말에 12여전도회가 일 년 동안 쓰고 남은 돈이 꽤 되었습니다. 그것을 '95년도 회계로 넘기려고 하기에 제가 반대하였습니다. 각 여전도회마다 내년 1월에 사용할 돈으로 50만 원 정도만 이월하고 나머지 돈을 다 모으도록 하였습니다. 그 돈으로 교회를 개척하는 데 전세 보증금이 모자라 기도하는 목회자에게 2천5백만 원을 드렸고, 그 밖에도 몇몇 뜻있는 일에 쓸 수 있었습니다. 이렇게 하다보니 우리 교회는 돈이 없어서 쩔쩔맵니다. 헌금이 많아서가 아니라 쓰는 데가 많아서입니다. …(김동호, 「지혜로운 건축자」)

위의 본문도 설교자의 참신한 신앙관을 엿보게 하는 대목이다. 다른 교회들은 돈을 모으느라고 야단인데, 이 교회는 하나님을 위해 한 푼도 남기지 않고 사용하며 그로 인해 고통을 당하는 모습이다. 참 신선한 발상이다. 결국 이러한 발상은 청중들에게 자극을 준다. 또 청중들은 그 설교자의 뛰어난 신앙관을 배우게 된다. 이것을 설교자의 올바른 신앙관이나 목회철학이라고 청중이 인정할 때 파급 효과는 훨씬 큰 것이다.

나는 전병욱 목사의 설교를 좋아한다. 많은 설교자들도 그의 설교를 좋아할 것이다. 그의 설교는 항상 살아서 움직이기 때문이다. 그런데 그 느낌은 어디서 오는가? 바로 그의 삶을 말하는 것에서 온다.

> 삼일교회는 '은과 금'이 없는 교회이다. 세상의 시각으로 볼 때 내세울 것이 전혀 없는 교회이다. 그래서 삼일교회는 오직 '예수 그리스도의 이름의 능력' 외에는 의지할 것이 없었다. 이것이 세상의 시각에서는 가난함이었으나, 영적 시각에서는 축복이었다. 우리에게 있어서 기도는 무기였다. 우리는 기도를 액세서리로 사용할 정도로 한가하지 않았다. 매일매일의 영적 싸움에 있어서 기도가 없이는 단 1분도 살아 남을 수 없는 전투의 연속이었다.
>
> 이러한 기도의 전투를 하다가 어느 날 갑자기 우리의 모습을 보고 놀랐다. 마귀가 우리 교회만큼 두려워 떠는 존재가 없다는 것도 알게 되었다. 우리의 기도가 닿는 곳마다 영혼들이 살아나는 일들이 벌어졌고, 우리가 기도하는 일마다 현실로 드러나게 되었다. 우리의 기도 사역이 있는 곳마다 '회심의 역사'가 일어나는 것을 확인할 수 있었다. 여기저기서 낙타무릎이 되기를 원했던 잡초들의 승리를 확인할 수 있었다. 한국의 모든 성도가 낙타무릎의 자리로 나아오기만 한다면, 우리의 교회는 다시금 부흥을 체험하게 될 것이다. (전병욱, 「낙타무릎」)

전 목사의 이 글이 힘이 있는 것은 체험에 기초했다는 사실 때문이다. 그래서 강력한 도전을 준다. 하나 더 보자.

> 지도자가 목표를 세우는 것은 어려운 일이 아니다. … 그러나 문제는 그 목표를 달성할 수 있느냐 하는 것이다. … "목사가 강대상을 다 적실 각오를 하고 강대상에 올랐다. … 우선 방석 하나라도 다 적실 만큼 기도하자고 마음먹고 기도하기 시작했다. 부흥을 위한 기도를 시작한 것이 오후 2시였다. … 내가 일부러 눈물과 콧물을 닦지 않고 격렬하게 기도하니까 밤 9시 쯤 되어서 방석 하나가 다 젖었다. … 강대상에서 일어서는 그 순간 이번 전도집회는 대승리일 것을 확신할 수 있었다. (전병욱, 「낙타 무릎」)

전 목사의 엄청난 기도의 노력, 그 노력 자체가 우리에게 충격적인 도전을 주고 있다. 삶으로 도전을 주고 있는 것이다.

넷째, 치밀한 논리는 설교에 힘을 불어넣는다. 설교의 전개는 결국 논리의 전개이다. 논리가 결여된 설교는 청중을 맥빠지게 만든다. 바울 서신은 치밀한 논리 위에 기초된 말씀이었다. 헛점을 찾아내기 힘들 만큼 논리 전개가 뛰어났다. 결국 말의 힘은 성령의 역사 외에 논리의 치밀함에서도 나타난다. 치밀한 논리와 논리 부재의 차이점이 어떤 결과를 빚는지 예를 들어보자. 여호수아 3장 1-6절을 설교할 때 설교자가 다음과 같이 전했다고 하자.

> 3장 1-6절에 보니 이스라엘이 요단강을 건너기 위해서 싯딤을 떠나 요단강가에 이릅니다. 그리고 그곳에서 3일 동안 유숙했다고 했습니다. 3일 간을 쉬는 동안 그들은 기도했습니다. 요단강을 잘 건너게 해 주시라고, 하나님께서 역사해주시라고 기도했습니다. 사랑하는 여러분, 요단강 도하라는 거사를 앞두고 이스라엘이 기도했던 것처럼, 저

와 여러분도 큰 일을 만났을 때 하나님을 의지하며 기도할 수 있기를 바랍니다.

무엇이 문제인가? 본문에는 이스라엘이 기도했다는 내용이 없다. 그러나 설교자는 그들이 기도했다고 임의로 단정했다. 이러면 논리에 헛점이 생긴다. 즉 청중들은 "그들이 기도했다는 내용이 어디에 나온단 말인가?" 하면서 반문하게 된다. 심증은 가는데 물증이 없다. 그러므로 모순된 주장처럼 들린다. 만약 설교자의 생각에 그들이 3일 간 쉬는 동안 기도도 했을 것이라는 추정이 들면 치밀한 논리로 청중을 설득하라. 다음과 같이 하면 어떨까?

여호수아 3장 1-6절에 보면, 이스라엘이 요단강을 건너기 위해 싯딤을 떠나 요단강가에 이릅니다. 그리고 그곳에서 3일 동안 유숙했다고 했습니다. 이들이 유숙하는 동안 무엇을 했을까요? 물론 짧지 않은 여행길에 피곤하여 가축들과 짐승들에게 물과 먹이를 주면서 지친 몸을 푹 쉬는 기회를 가졌을 것입니다.

그러나 그들이 단지 쉬기만 했을까요? 아닐 것입니다. 요단강 도하라는 일생일대의 대사를 앞두고 그들은 얼마나 두렵고 떨렸겠습니까? 그러나 한편으론 성공적인 요단강 도하를 위해 하나님이 친히 역사해주시라고 간절히 부르짖기도 했을 것입니다. 사랑하는 여러분, 요단강 도하라는 큰 일을 앞두고 이스라엘이 기도했던 것처럼, 여러분의 삶속에서 큰 일을 만났을 때 하나님께 기도하는 사람이 되시길 바랍니다.

(박영재 설교)

전자는 설교자의 임의대로 설교한 반면 후자는 설교자가 청중에게 이스라엘 백성들이 기도했을 것이라는 내용을 받아들이도록 설득하고 있다. 결국 설득을 위한 논리를 펼치고 있는 것이다. 전자가 헐렁한 논리전개라고 한다면 후자는 치밀한 논리전개라고 볼 수 있다. 치밀한 논리가 결여된 또 다른 예를 살펴보자.

> 오늘 본문 민수기 12장 1절 이하에 보니 모세는 구스 여자를 아내로 취합니다. 그때 미리암과 아론이 구스 여자를 취한 모세를 비방합니다. 뿐만 아니라 2절에 미리암과 아론이 말씀하길, "여호와께서 모세와만 말씀하셨느냐 우리와도 말씀하지 아니하셨느냐" 하면서 여호와께도 불평을 합니다. 그때 이러한 불평을 들은 모세는 그들에게 한 마디도 대꾸하지 않습니다. 3절에 보니 그러한 모세를 보시고 하나님께서는 "이 사람 모세는 온유함이 지면의 모든 사람보다 승하더라." 하면서 모세의 온유함을 인정했습니다.
> 여러분, 하나님 앞과 사람 앞에서 온유한 사람이 됩시다. 모세처럼 온유함을 지닐 때 하나님이 인정하시는 사람이 될 것입니다.
>
> (모 목사)

만약 이렇게 설교했다면 논리적으로 무엇이 문제인가? 그것은 모세가 어떻게, 그리고 왜 온유했는지를 날카롭게 파헤치는 과정 없이 그가 온유했다는 결과만을 밝히며 청중들에게 모세처럼 온유할 것을 강조했다는 점이다. 이유나 동기를 밝히지 않은 채 당위성(결과)만 강조하면 청중들을 설득하기 어렵다. 예를 들어 공부하지 않는 자녀에게 "너는 공부를 열심히 해야 한다."고 다그치면 왜 공부를 열심히 해야 하는지를 알지 못하는 그 자녀는 아무런 변화도 보이지 못하게 된다. 왜 공부를 열심히 해야 하는지에 대한 동기부여가 확실해야 변할 수 있는 것이다.

오늘 본문 민수기 12장 1절 이하에 보니 모세는 구스 여자를 아내로 취합니다. 그때 미리암과 아론이 구스 여자를 취한 모세를 비방합니다. 뿐만 아니라 2절에 미리암과 아론이 말하길, "여호와께서 모세와만 말씀하셨느냐 우리와도 말씀하지 아니하셨느냐" 하면서 여호와께도 불평을 합니다. 그때 이러한 불평을 들은 모세는 그들에게 한 마디도 대꾸하지 않습니다. 3절에 보니 그러한 모세를 보시고 하나님께서는 "이 사람 모세는 온유함이 지면의 모든 사람보다 승하더라." 하면서 모세의 온유함을 인정했습니다.

모세의 온유함은 어디서 온 겁니까? 모세는 아론과 미리암의 공격에 대꾸할 충분한 이유가 있었습니다. 모세가 결혼한 구스 여인은 가나안 여인이 아니었기 때문입니다. 그렇지만 영적 권위에 대한 미리암과 아론의 도전에 모세는 아무런 반응도 보이지 않았습니다. 힘으로 대적할 수도 있었고 변명할 말도 많았지만 다 절제합니다. 단지 듣기만 할 뿐입니다. 진정한 용기요 겸손 아닙니까?

여러분, 진정한 온유는 연약함에서 오는 것도 아니고 비굴함에서 오는 것도 아닙니다. 용기와 겸손에서 옵니다. 오늘 여러분에게도 이런 온유함이 있습니까? (박영재 설교)

후자의 예가 훨씬 깊이있다는 데 독자들은 동의할 것이다. 온유의 기초, 즉 떳떳하면서도 변명하지 않는 진정한 온유의 힘을 설명했기 때문이다. 이런 설명은 논리의 치밀함에서 오는 것이며 결국 설교에 힘을 불어넣는 것이다.

다섯째, 절제된 언어 사용은 설교에 힘을 불어넣는다. '97년의 베스트셀러인 「마음을 열어주는 101가지 이야기」는 평범한 예화들의 모음집이다. 그러나 다른 책이나 설교들에 비해 표현에 있어서 한 가지 뛰어난 점이 있다. 그것은 절제된 언어 사용이다. 불필요한 말이 많아지면 말에 힘이 약해진다. 내가 바울의 서신 중 하나인 갈라

디아서를 연구하면서 깜짝 놀란 것 가운데 하나가 바울이 말을 상당히 아끼고 있다는 것이다. 그는 갈라디아 교인들을 설득하기 위해서 많은 말을 하는 것 같으나 꼭 필요한 말, 또는 간혹 강조하기 위해서 고의로 반복하는 말 외에는 언어 사용을 상당히 절제하였다. 이런 절제가 오히려 그의 글에 힘을 더해준 셈이었다. 비근한 예를 들어보자. 이임 인사를 하는 모 목사가 성도들에게 다음과 같이 말했다고 하자.

사랑하는 성도 여러분, 막상 교회를 떠나자니 생각나는 것들이 많습니다. 우선 성도 여러분께 감사합니다. 부족한 저의 목회에 그동안 음으로 양으로 도와주셨던 것 감사합니다. 사랑으로 저의 허물을 감싸주셨던 것도 감사합니다. 저의 목회 비전을 따라 앞장서서 적극적으로 협력해주신 것도 감사합니다. 저를 위해서 늘 기도해주셨던 것도 감사합니다.

제가 하나님의 뜻을 충실히 따를 수 있도록 도와주신 것도 진심으로 감사합니다. 제가 어려울 때 힘이 되어주셨던 것에 감사합니다. 제가 연약할 때 격려해주셨던 것 감사합니다. 여러분, 그동안 우리 가족을 사랑해주시고 아껴주신 것 진심으로 감사합니다. 감사합니다.

자, 무엇이 느껴지는가? "감사합니다."란 표현을 10번이나 반복하였다. 처음에는 '목사가 감사의 마음을 갖는구나.' 하고 생각을 했다가도 여러번 듣게 되면서 그 말에 식상하게 된다. 즉 '목사가 진정으로 감사의 마음을 지니고 있구나.' 하는 성도들의 생각이 차츰 반감된다. 같은 말을 너무 많이 언급했기 때문이다. 그러나 위의 예를 아래와 같이 바꿔보자. 무엇이 어떻게 다른가를 느껴보라.

사랑하는 성도 여러분, 막상 교회를 떠나자니 생각나는 것들이 많습니다. 여러분들은 그동안 부족한 제가 목회하는 데 음으로 양으로 많이 도와주셨습니다. 사랑으로 저의 허물을 감싸주셨고 저의 목회 비전을 따라 앞장서서 협력하셨습니다. 또 저를 위해서 늘 기도해주셨을 뿐만 아니라 제가 하나님의 뜻을 충실히 따를 수 있도록 신실하게 도우셨습니다. 제가 힘들 때 힘이 되어주셨고 연약할 때 격려해주셨습니다. 무엇보다도 저희 가족을 끝까지 사랑해주시고 아껴주셨습니다. 여러분들의 사랑을 평생 못 잊을 것입니다. 여러분, 여러분의 이 모든 믿음의 행동에 진심으로 감사합니다. (박영재 설교)

자, 위의 예는 전자의 의미를 훼손하지 않고 살짝 바꾼 것이다. 무엇이 다르게 느껴지는가? "감사하다."란 표현을 단 한 번 사용했다. 아무리 좋은 내용이라도 여러 번 말하면 귀한 줄을 모른다. 오히려 지겹게 느껴지기까지 한다. 강조한다는 명분 아래 오히려 감사한다

는 의미의 가치를 떨어트린다. 그러므로 가능한 한 말을 절제하라. 절제하여 사용할 때 그 말이 더욱 귀하게 느껴지는 것이다.

여섯째, 청중을 신앙의 영웅으로 만들기 위해 자극하라. 사람들은 언제 도전을 받는가? 자신보다 나은 신앙생활을 하는 사람을 보게 될 때, 그리고 그렇게 살고 싶은 욕구를 느끼게 될 때 도전을 받는다. 예수님은 청중들을 신앙의 영웅으로 만들고자 도전을 주었다. 예를 들어, 이는 이로, 눈은 눈으로 갚는 것이 상례였던 사람들에게 "왼뺨을 치거든 오른편 뺨도 내밀라. 오리를 가게 하거든 십리를 동행하라."는 등의 말씀은 가히 혁명적인 제안이었다. 이것은 곧 청중이 진정한 신앙을 갖지 않으면 행하기 어려운 것이다. 바울 서신은 온통 교인들을 신앙의 영웅으로 인도하는 글로 가득 차 있다. 자, 이제 앞서 인용한 나의 설교의 예를 한번 더 살펴보자.

… 사람들이 언제 꿈을 포기합니까? 언제 자신감을 잃습니까? 언제 실망합니까? 언제 우쭐해집니까? 사람은 자기보다 못한 사람 앞에서나 자기보다 낮은 위치에 있는 사람 앞에서 우쭐해지는 법입니다. 왜입니까? 사람을 상대하기 때문입니다. 삶의 환경이 자신의 생각과는 달리 점점 수렁으로 빠져들 때, 내 힘으로는 도저히 감당할 수 없게 될 때, 사람은 자신감을 잃습니다. 꿈을 포기합니다. 왜입니까? 환경을 상대하기 때문입니다. 그러나 하나님을 상대하는 사람은 지위고하를 막론하고 누굴 대하든지 거만하지 않습니다. 남보다 꿈이 좀 일찍 이루어진다고 우쭐대지 않습니다. 왜입니까? 내가 이룬 것이 아니고 하나님이 이루신 것을 알기 때문입니다.

하나님을 상대하는 사람은 또한 삶의 환경을 바라보고 실망에 빠져 있지 않습니다. 꿈을 포기하지 않습니다. 왜입니까? 하나님만이 환경을 바꾸시고 주관하시는 분이란 사실을 알기 때문입니다. 그러므로 하나

> 님을 상대하는 사람은 환경이나 사람을 상대하는 것이 아니라 그 환경 너머에 계시는 하나님, 사람을 다루시는 하나님을 의식하는 사람입니다. 문제가 발생했을 때 조급해하지도 않고 우쭐해하지도 않으며 단지 그 문제의 해결자이신 하나님께 초점을 맞추는 사람입니다.
> (박영재 설교)

위의 설교에서는 청중을 신앙의 영웅으로 만들기 위한 설교자의 의지가 엿보인다. 이처럼 청중에게 자신들의 부족을 깨닫고 하나님 앞에서 바른 신앙을 갖게 하려는 태도는 청중을 사로잡기에 충분하다. 이렇게 청중을 신앙의 영웅으로 만들려면 무엇보다 설교자가 영웅적인 신앙관과 태도를 지녀야 하고 그대로 실천하는 삶을 살고 있어야 한다. 그래야만 영웅적인 아이디어가 생겨나고 또한 그렇게 설교할 수 있는 것이다.

일곱째, 확신에 이르게 하라. 설교에 힘을 불어넣는 방법 가운데 하나는 청중들에게 확신을 주는 것이다. 얼마전 강의중에 나와 학생들 앞에서 한 학생이 설교를 하는데, 떨리는 음성으로 더듬거리면서 다음과 같이 말했다. "하나님이 우리를 지켜주십니다. 우리를 인도하십니다. …" 그러나 그 학생은 청중인 우리들에게 하나님이 정말로 우리를 지키신다는 확신을 주지 못했다. 설교자 자신도 확신하지 못한 상태에서 단지 앵무새처럼 설교문을 읽었기 때문이다. 훌륭한 설교가들이 평범한 내용을 말해도 은혜가 되는 것은 바로 이런 점에서의 차이 때문이다. 즉 설교자 자신이 말하는 내용을 확신하며 전하기 때문에 청중에게 그 확신이 전가되는 것이다.

예수님은 언제나 확신 가운데 말씀하셨다. 그 확신이 곧 권위있는 말씀의 소유자로 여겨지게 했다. 바울 서신을 보라. 그에게 넘치는 확신이 그의 독자들을 사로잡는다. 예를 들어, 바울은 자신이 그리스도의 종이 된 사실을 밝힐 때마다 확신에 차 있는 것을 볼 수 있다. 이러한 설교자의 확신은 설교 속에서 잘 드러난다. 그러므로 설교자의 영적 상태가 건강해야 하고 하나님과의 관계가 늘 친밀한 가운데 있어야 한다.

설교에 힘을 불어넣기 위한 원리들

1. 청중의 심리를 긍정적으로 끌어올리라.
2. 인간의 내면세계를 파헤쳐 보이라.
3. 설교자의 삶으로 말하라.
4. 치밀한 논리를 전개하라.
5. 절제된 언어를 사용하라.
6. 청중을 신앙의 영웅으로 자극하라.
7. 확신에 이르게 하라.

들리게 말하라
한 가지 아이디어 전개는 설교를 쉽게, 깊이있게 만든다

윗집에 사는 아주머니 한 분이 작년 봄에 우리 집에 놀러온 적이 있다. 책장을 쭉 보더니 설교집을 몇 권 꺼내면서 좀 빌려가도 되느냐고 물었다. 나는 전도할 목적으로 흔쾌히 승낙했다. 물론 유명 목사들의 설교집들이었다. 며칠 후 책을 돌려주면서 하는 말이 "목사님, 이 책은 이해하기가 힘들었어요. 그러나 다른 책들은 이해하기가 참 쉬웠어요. 설교란 것이 이처럼 유익한 내용인 줄 몰랐어요." 하는 것이었다. 설교는 듣거나 읽는 사람들에게 쉽게 이해되어야 한다.

들리게 만들어야 하는 이유

설교는 쉽게 들려야 한다. 아무리 잘 빚어진 설교라도 이해가 되지 않는다면 무슨 소용이 있겠는가? 이웃 아주머니가 어렵다고 느낀 책은 다름아닌 강해설교로 유명한 목사의 것이었다. 그 책은 설교의 상당 부분을 성경 강해에 할애했다. 논문처럼 딱딱한 본문을 읽으며 얼마나 힘들었을까? 성경에 정통해 있고 신앙생활을 신실하게 하는 고급(?)신자들에게나 이해될 수 있는 그런 내용을 설교로 엮었던 것이다. 물론 도전이 되는 내용이기는 하지만 말이다. 게다가 그 설교집은 주제를 너무 다양하게 다루고 있었다. 너무 많은 주제를 열거하다보니 설교 전체의 내용을 파악하기가 어려웠다. 내가 읽기에도 힘들 정도니 오죽했겠는가. 성도들이 한 편의 설교에서 여러 주제를 접하면 설교 전체를 이해하기 힘들다.

그러나 다른 설교집들은 읽기가 쉬웠다. 왜냐하면 주제가 강해 위주의 설명을 탈피하여 청중의 삶을 주로 다루는 설교였고, 특히 주제를 단순하게 다룬 설교였기 때문이다. 설교의 주제가 단순화될수록 성도들은 쉽게 듣는다. 그러고 보면 설교는 성도들에게 쉽게 이해되어져야 한다.

그러나 여기서 유의할 점이 한 가지 더 있다. 설교를 오랫동안 선명하게 기억할 수 있도록 해야 한다는 것이다. 듣고 금방 잊어버리는 설교가 아니라 오랫동안 성도들의 가슴에 남게 하는 설교가 바람직한 설교이다. 그렇다면 주제는 복잡하지 않고 단순하게 다루어져야 한다. 그렇다고 수박 겉핥기식의 얄팍한 설교가 좋다는 것이 아니다. 얄팍한 설교는 청중들이 오래 기억하지 못한다.

도날드 브로드벤트(Donald E. Broadbent)는 그의 저서 「인식과 의사전달」(Perception and Communication)에서 사람들은 한꺼번에 여러 가지를 의식하지는 못한다고 말한다. 단지 한 번에 한 가지만 이해할 수 있다고 강조한다(Donald E. Broadbent, 「Perception and Communication」, London, Pergamon Press). 우리의 감각 기관과 의식 사이에는 정신적인 여과 과정이 이루어지는데, 이는 한 순간에 한정된 정보의 양만을 처리할 수 있기 때문이다(탐 내쉬, 「마음을 사로 잡는 커뮤니케이터」, 독고 앤 옮김, 도서출판 디모데, p. 86). 청중들의 기억력의 한계를 살펴보기 위해 탐 내쉬의 기억력에 대한 연구 결과를 보자.

> 사람들이 무슨 일을 실행하도록 만들려면 먼저 계속해서 그들의 주의를 끌고, 그들이 이해할 수 있는 메시지를 전해야 한다. 또한 그들이 적용시킬 기회가 생길 때까지 그 메시지를 기억할 수 있어야 한다. 사람들은 얼마나 많은 메시지를 기억할 수 있을까? 노련한 대학 교수들에게 자신들의 전공 분야에 대해 10분 동안 이야기하도록 시도해본 연구가 있었다. 강의실의 학생들은 테스트중이라는 사실을 알고 있었다. 그러나 강의가 끝난 직후 학생들은 강의 내용의 59퍼센트만을 기억할 수 있었다. 두 주 후에는 25퍼센트만 기억하고 있었다. 10분 후에 테스트를 한다는 사실을 알고서 들은 학생들도 50퍼센트밖에 기억할 수 없다면, 전형적인 설교나 수업은 얼마나 기억할 수 있겠는가?(Ibid., pp. 303-4.)

사람의 기억력이 이처럼 미약한데도, 우리의 설교는 여전히 비효과적으로 전달되고 있다. 안타까울 뿐이다. 아무리 설교 내용이 훌륭하다 하더라도 이해하기 힘들고 기억하기가 어렵다면 그 결과는 뻔하지 않는가? 우리의 설교는 청중이 기억할 수 있는 한계 안에 들

어가도록 전해져야 한다. 초신자는 말할 것도 없고 매우 신실한 성도들에게조차도 설교가 들리도록 만들어져야 한다. 기억되도록 전달되어져야 한다.

그러면 어떻게 해야 설교가 쉽게 이해되고 오래 기억되게 할 수 있을까? 일단은 쉽게 쓰여져야 한다. 이를 위해서는 우선 주제가 복잡하지 않고 단순해야 한다. 그런데 단순하다는 말은 조직적이거나 체계적이지 못하다는 의미가 아니다. 오히려 치밀한 논리와 체계를 잡아 설교를 쉽게, 그리고 깊은 인상을 주도록 만들어야 한다. 체계적이란 말에 대해서 내쉬는 아래와 같이 설명한다.

> 장기 기억력은 체계적이다. 단기 기억력이 가지고 있는 기능은 입력되는 내용을 분류하고 장기 기억력 안에 이미 형성되어 있는 범주 속에 맞춰넣는 것이다. 전달된 내용이 체계적이지 못하면, 단기 기억력 안에서 그 내용을 분류하고 맞춰넣느라 더 많은 작업을 해야 한다. 이런 일

이 일어나는 동안, 새로운 정보가 들어오면 곧 잊어버리게 된다. 그래서 체계적인 정보가 기억하기에 더 좋은 것이다.(Ibid., p. 305)

그러므로 설교를 오랫동안 기억케 하고 쉽게 이해시키려면 무엇보다 설교의 내용을 잘 구성해야 한다. 즉 주제가 쉽게 전개되고 단순하도록 구성해야 한다. 어떻게 해야 설교를 쉽게 이해하고 오랫동안 기억하게 만들 수 있을까? 이 문제를 다루기 전에 설교가 복잡하고 어렵게 만들어져 잘 전달되지 않은 경우들을 우선 살펴보자.

여러 주제를 나타내 설교가 전달되지 않은 경우들

한 편의 설교 속에서 여러 주제가 다뤄질 때 그 설교는 어려워진다고 했다. 이제 그 실제적인 예들을 살펴보자.

주제 : 하나님이 기뻐하시는 신앙
개요 :
1. 성도가 소망 가운데 살 때 기뻐하신다.
2. 성도가 믿음 가운데 살 때 기뻐하신다.
3. 성도가 사랑 가운데 살 때 기뻐하신다.

위의 대지는 세 개의 주제를 다루고 있다. 이것은 주제가 너무 많다. 그러므로 어렵게 들린다. 게다가 여러 주제를 다루다 보니 주제를 깊게 다루지 못하게 된다. 이것을 한 개의 주제만 다뤄지도록 단순화시켜보자. 예를 들어, 첫번째 개요인 소망에 대해서만 다룬다고 해보자.

주제 : 소망을 지닌 성도의 삶
개요 :

1. 소망없는 불안한 삶의 모습을 묘사한다. 소망없는 현대인의 불안한 삶을 묘사한다. 동시에 성도가 그리스도 안에서 소망을 누리는 모습, 그리스도 안에서 소망을 누리는 삶을 비교 묘사한다.
2. 성도가 소망을 누리며 사는 이유를 밝힌다.
   1) 영생이 있기 때문이다.
   2) 주님이 저 천국까지 우리를 인도하시기 때문이다.
3. 그러므로 그리스도 안에서 소망을 지닌 자는 현재의 삶 가운데서 미래를 준비하는 삶을 산다.

결론 : 그리스도가 주신 소망으로 현재를 신실하게 하나님의 영광을 위하여 살자. 즉 밝은 미래에 대해서 확신을 가지고 가정과 사회, 특히 교회를 위해 살자. (박영재 설교)

    전자와 후자의 차이를 살펴보자. 전자는 주제가 세 개로 나뉜 만큼 주의가 산만하다. 동시에 각 주제를 짧게 다루다 보니 깊이 다루지를 못한다. 그러나 후자는 하나의 주제만 다루게 되므로 일단은 이해가 쉬워진다. 동시에 하나의 주제만 다루다 보니 한 주제를 깊게 다룰 기회를 갖는다. 결국 성도의 마음을 깊숙이 어루만질 수 있는 깊은 설교가 나오게 된다.

    하나 더 살펴보자. 다음과 같은 세 개 대지의 설교를 만들었다고 가정해보자.

주제 : 인간을 향한 하나님의 은혜
개요 :

1. 하나님은 우리를 인도하신다.
2. 하나님은 우리를 보호하신다.

3. 하나님은 우리를 사랑하신다.

이 세 개의 개요를 30분 정도로 설교하게 되었다고 하자. 서론과 결론을 빼고 난 뒤 위의 각 개요를 전달하는 데 소모되는 시간은 약 7-8분 정도 된다. 결국 개요 하나에 들이는 정성, 즉 한 주제에 관련된 언급은 수박 겉핥기식의 짧은 시간밖에 들이지 못한다. 나의 경우라면 위의 세 개의 개요가 본문에 근거하고 있다 할지라도 한 주제만을 택해 전할 것이다. 더 많은 시간과 정성을 투자함으로써 깊은 설교를 만들 수 있기 때문이다. 예를 들어, 세번째 개요인 "하나님은 우리를 사랑하신다."만을 설교의 주제로 선정했다고 하자.

1. 사랑을 필요로 하는 인간의 모습을 묘사한다.
2. 인간에게 필요한 사랑은 하나님께로부터 온다는 것을 설명한다.
3. 하나님의 사랑은 인간에게 어떻게 주어지는가를 설명한다
4. 하나님의 사랑을 받은 인간의 반응은 어떠해야 하는가를 밝힌다.

(박영재 설교)

자, 위의 개요를 어떻게 생각하는가? 한 가지 주제인 '하나님의 사랑' 만을 강조하는 것이 아닌가? 한 가지 주제만 다루면 결국 그 주제를 깊숙이 다루게 된다. 주제를 깊숙이 다루기 때문에 청중들에게 집중력도 생긴다. 뿐만 아니라 청중을 감동시킬 수 있는 '깊이 있는 설교'가 나오기 마련이다.

본문에 나타난 문제점을 지적하며 리펠드(Liefeld)가 밝힌 개요를 살펴보자. 로마서 5장 1-11절을 본문으로 설교할 때 무엇이 문제인가를 보자.

1. 평화(1)
2. 소망
   1) 하나님의 영광의 소망(2)
   2) 고통중에도 소망(3-4)
   3) 십자가의 사랑으로 인한 소망(5-10)
3. 기쁨(11)

위와 같이 설교했다고 가정할 때 무엇이 문제인가? 너무 많은 주제를 전개하고 있다는 점이다. 결국 피상적인 설교 전개가 이뤄질 수밖에 없다. 그러나 위의 것을 아래와 같이 고쳐보자.

로마서 5:1-11
1. 참된 소망은 십자가의 사랑으로부터 온다(5-10).
2. 그 소망은 우리의 고통까지도 이기게 한다(3-4).
3. 왜? 하나님의 영광에 참여하는 소망이기 때문이다(2).
4. 그러므로 소망의 사람은 고통중에도 기쁨을 누리는 사람이다.

(박영재 설교)

전자와 후자의 차이점은 무엇인가? 전자는 평화, 소망, 기쁨이라는 세 가지 주제를 다룬다. 그러나 후자는 소망이라는 한 가지 주제만 다룬다. '소망'과 상관이 없는 주제들은 나뭇가지를 치듯 다 쳐내버린다. 본문을 연구한 결과가 아까워서 이것저것 다 설교하려다가 오히려 설교를 망치는 경우가 있다. 다 전하고 싶은 유혹을 떨쳐버려야 한다.

그런데 본문에서 세 가지 주제를 선명하게 말하고 있다면, 어쩔 수 없이 세 가지를 다 전해야 할 때도 있을 것이다. 그러나 세 가지를 다 전하더라도 들리도록 설교하기 위해 설교자는 개요의 통일성에 관심을 가져야 한다. 또 독립성도 고려해야 한다. 쉽고도 깊은 설교를 만들기 위해서다. 우선 다음에 예로 든 개요의 문제점이 무엇인지 살펴보자.

> 주제 : 하나님의 은총
> 1. 하나님은 우리를 보호하신다.
> 2. 하나님은 우리를 인도하신다.
> 3. 하나님은 우리에게 유익을 주신다.

자, 위의 세 개의 개요 가운데 무엇이 문제인가? 세번째 개요가 아닌가? 세번째는 첫번째와 두번째를 다 포함하는 개요이다. 즉 독립성과 통일성에 문제가 있다. 독립적이면서도 통일성이 유지되는

(diversity in unity) 개요를 만들어야 한다. 그래야 쉽고 조직적인 체계가 잡힌 설교가 된다. 그러나 위의 세 개의 개요가 세 개의 주제를 나타내기 때문에 결국 너무 많은 주제를 한꺼번에 설교하게 된다. 그러므로 이미 앞에서 한 가지 주제만을 전달하는 개요 작성에 대해 살펴본 것처럼 하나만을 선택해서 만들어보라.

들리게 작성하는 방법들

1. 본문의 큰 흐름(핵심 주제)을 파악하라.
2. 개요 작성에 있어 통일성과 독립성을 유지하라. 단 본문이 한 가지 주제만을 설명하고 있지 않은 불가피한 경우는 예외일 수 있다.
3. 큰 흐름(핵심 주제) 외의 진리는 설혹 중요하다 하더라도 가지치기를 통해서 완전히 외면하라. 외면한 진리를 설교하고 싶은 마음이 간절하다면 다른 설교 시간에 그 주제를 다시 다루면서 설교하라.
4. 큰 흐름(핵심 주제)에 대한 깊이를 더하기 위해 질문을 던지라.

10 감정에 파도를 치게 하라

감정에 자극을 주는 호소는 청중에게 은혜의 맛을 체험하게 한다

작년 가을 장신대 대학원에서 특강을 마치고 강의실 밖으로 걸어 나오는데, 한 대학원 학생이 이런 질문을 던졌다. "목사님, 요즈음 모 목사님 설교 테잎을 듣고 있습니다. 그런데 결론에 이르면 이 목사님의 설교는 언제나 저를 그냥 내버려두지 않습니다. 결론쯤에 가면 바다에 큰 파도가 일 듯 이 목사님의 설교는 제 감정이 파도를 치게 만듭니다. 한 번도 밋밋하게 끝난 적이 없이 언제나 강력하고 충격적인 감정의 파도를 일으킵니다. 그렇게 감정의 파고가 일면서 가슴이 뜨거워지고 저도 모르게 진리 앞에 감격하게 됩니다. 또 결단하게 됩니다. 어떻게 하면 저도 감정의 파도가 일어나도

록 설교할 수 있을까요?" 그렇다. 이 질문은 우리 모두의 질문이며 우리가 설교 속에서 반드시 해결해야 할 중요한 문제이기도 하다.

코미디 프로그램을 다시 한번 생각해보자. 요즘 모 방송사의 코미디 프로그램 가운데 부부가 함께 화자로 나와 청중을 웃기며 대화를 나누는 프로그램이 있다. 그들 부부가 함께 웃기는 대화나 행동을 통해 청중들을 한참 웃게 만든다. 그러다가 마지막 시간에 남편이 진지하게 과거를 돌아보며 부끄러운 일들을 고백하는 시간을 갖는다. 한참을 웃기다가 갑자기 진지하게, 그것도 눈물을 흘리며 고백을 하는데, 이때 청중들을 숙연하고 가슴 찡하게 만든다. 만약 웃기는 것 없이 그 남자가 처음부터 심각하게 과거의 잘못을 고백하고 나오면 별로 감동적이지 못하고 오히려 어색할 것이다. 그러나 한참을 웃겨놓고 나서 갑자기 진지해지니까 사람들이 열려진 감정으로 자연스럽게 받아들이게 된다.

학교 수업식으로 지식을 전달하는 것이 설교의 목표가 아니다. 또 논문 발표식으로 건조하게 전달하고 마는 것도 아니다. 감동이 있어야 한다. 결국 사람의 감정을 적절히 어루만져주는 부분이 있어야 한다. 꼭 기억할 사실은 훌륭한 설교자들은 모두가 청중의 감정을 자극하는 데 뛰어났다는 것이다. 그러므로 청중의 감정을 건드리라.

왜 감정에 파도를 치게 해야 하는가?

설교자는 왜 청중의 감정을 건드려야 하는가? 생각해보자. 사람은 감정의 동물이다. 감정이 자극된 상태에서 말씀을 들으면 반응이 달라진다. 몇 배의 효과를 가져온다. 감정은 놀라움, 갈등, 슬픔, 기쁨, 안도의 여유, 감격 등으로 나타난다. 감정을 일깨우지 않은 상태에서 설교가 지속되면 성도들에게 머리로만 받아들이게 하는 지적 자극만 줄 뿐이다. 평범하고 여유있는 삶을 사는 사람이나 별 걱정없이 행복하게 살고 있다고 자위하는 사람이라 하더라도, 그들의 내면 깊숙이 자리잡고 있는 불행의 그림자나 불안의 가능성을 건드리면 그들의 감정이 자극을 받는다. 즉 행복한 삶을 산다고 확신하는 사람에게도 불행의 그림자가 다가올 수 있음을 보여주면 그들의 감정은 움직인다. 걱정거리 없이 평안한 삶을 사는 사람도 걱정은 누구에게나 찾아올 수 있는 것임을 인식하게 하면 걱정의 감정이 생긴다.

어떤 설교자는 좋은 설교란 다음의 세 가지 가운데 적어도 한 가지 요소는 있어야 된다고 역설했다. 첫째, 성도를 울려라. 둘째, 성도를 웃겨라. 셋째, 성도를 회개케 하라. 이 세 가지 가운데 어느 것 하나만 있어도 설교는 성공했다고 볼 수 있다는 것이다. 이 말은 결국 청중의 감정을 건드리지 않고는 청중의 가슴에 설교가 파고들게 할 수 없다는 것을 밝혀준다. 결국 우리의 설교는 청중의 감정을 건드리느냐, 아니면 전혀 건드리지 못한 채 마치느냐 하는 데 성패가 달려 있다.

설교자는 청중의 감정을 언제 건드려야 하는가? 서론과 결론 부분에서다. 물론 설교의 중간에도 청중의 감정을 건드리는 설교가 필요하다. 그러나 서론과 결론에서 감정을 건드리는 내용이 없으면 문제가 심각해진다. 예를 들어, 서론에서 청중이 자신의 감정에 아무런 자극을 받지 못한 채 설교를 듣게 되면 청중은 설교 전체를 듣는 동안 무미건조해지거나 하나의 논문 발표를 듣는 것과 같은 상태가 된다. 지식을 습득하는 차원에서 설교를 듣게 될 뿐이다. 결국 아무런 도전도 받지 못한 채 말씀을 듣게 된다.

그러므로 설교에서 현대 성도들의 감정을 건드리라. 그 감정이 자극받게 하라. 그러면 카타르시스(정화) 현상이 일어나 결국 결단하게 된다. 서론에서 특히 가라앉은 청중의 감정을 일깨워야 한다. 감정을 일깨우는 서론의 경우를 보자.

> IMF 금융지원 이후 우리나라에 경제대란이 일어나고 있습니다. 기업이 은행으로부터 돈을 빌리지 못하고 은행이 은행을 믿지 못하는 사태가 벌어지고 있습니다. 실직자들이 거리로 쏟아져 나오고 사람들이 차를 팔아버립니다. 가족의 수입은 평균 50만 원 이상이 줄었지만, 물가상승 요인까지 더해지면 수입은 이보다 훨씬 적어지게 되었습니다.

지난 한 주간 동안 30대 기업을 포함해서 무려 237개의 기업이 쓰러졌습니다. 빚에 쪼들린 한 기업가가 어린 자녀들을 남긴 채 자살했습니다. 예금액 인출이 막힌 것을 안 한 여성이 은행 앞에서, "내가 평생 동안 어떻게 모은 돈인데…" 하며 망연자실했습니다. 우리 한번 생각해봅시다. 왜 이런 일이 발생했습니까? 어디서부터 잘못되었습니까? 오늘 하나님은 이 모든 원인이 다른 곳에 있다고 말씀하지 않습니다. 바로…

(박영재 설교)

위의 서론은 정보전달(여러 경제적 상황)과 더불어 현실을 인식시키는 데 주력하고 있고, 현재의 문제가 얼마나 심각한가도 깨닫게 하고 있다. 정신이 바짝 들게 하는 순간이기도 하다. 구체적인 수치를 언급하고 있으나 경제적 위험수위를 피부로 느끼게 만들어 감정에 자극을 주고 있다. 즉 "은행이 은행을 믿지 못하고," "실직자들이 거리로 쏟아져 나오고," "기업이 무너지고" 등은 경제위기의 심각성을 지성으로 받아들이게 하는 작업을 시도한 것이다.

그러나 여기서 끝나지 않고 "한 기업가가 어린 자녀들만을 남긴 채…", "한 여성의 망연자실" 등은 청중의 지성에 자극을 주려는 것이 아니다. 시국의 어려움을 피부로 느끼게 만드는 감정에 자극을 주고 있는 것이다. 결국 청중의 감정에 호소하고 있는 것이다.

그런데 만약 위의 내용을 아래와 같이 전했다고 해보자.

IMF 금융지원 이후 우리나라에 경제대란이 일어나고 있습니다. 기업이 은행으로부터 돈을 빌리지 못하고 은행이 은행을 믿지 못하는 사태가 벌어지고 있습니다. 실직자들이 거리로 쏟아져 나오고 사람들이 차를 팔아버립니다. 가족의 수입은 평균 50만 원 이상이 줄었지만, 물가 상승요인까지 더해지면 수입은 훨씬 더 줄게 되었습니다. 지난 한 주간 동안 30대 기업을 포함해서 무려 237개의 기업이 부도를 냈습니다. 기업가들의 자살이 속출하고 있습니다. 예금 인출이 막히고 있습니다. 우리 한번 생각해봅시다. 왜 이런 일이 발생했습니까? 어디서부터 무엇이 잘못되었습니까? 오늘 하나님은 이 모든 원인이 다른 곳에 있다고 말씀하지 않습니다. 바로…

자, 후자의 예는 전자보다 썰렁하다. 후자의 예에는 청중의 감정에 자극을 주는 요소들이 약하거나 배제되어 있기 때문이다. 즉 청중의 지성에만 호소하고 있는 것이다. 만약 우리가 후자처럼 지성에만 자극을 주는 설교를 하면 청중들은 우리의 설교를 덜 심각하게 받아들이게 된다. 즉 관심을 덜 갖고 듣게 된다. 결국 비효과적인 설교가 되는 것이다.

또 다른 예를 보자. 이번에는 서론을 시작하면서 본문을 재미있게 각색한 것인데, 특히 청중이 감정으로 느낄 수 있도록 만든 것이다.

지금도 이스라엘에 가면 한낮에 모두들 쉬는 시간을 갖습니다. 너무 덥기 때문이지요. 간혹 특별한 목적으로 운행되는 차만 움직일 뿐 오후에는 조용합니다. 예수님 당시도 이와 같았습니다. 어느 뜨거운 여름 오후 수심이 가득한 한 사마리아 여인이 사방을 두리번거리며 우물가로 다가옵니다. 사람이 없는 한낮에 물을 길러오는 걸로 봐서 사람을 피하는 눈치입니다. 무언가에 쫓기는 듯 두렵고 불안해하는 얼굴입니다. 물동이를 내려놓고 두레박을 내립니다. '첨벙' 하며 물을 담아 한 발한발 막 길어올리고 있는데, "물 좀 주시오." 하는 낯선 남자의 음성이 들려옵니다. 깜짝 놀라서 고개를 들고 쳐다보니…(박영재 설교)

위의 표현은 청중의 감정을 건드리고 있다. "수심이 가득한," "사람을 피하는 듯한 눈치," "무언가에 쫓기는 듯," "두렵고 불안해하는 얼굴," "깜짝 놀라서" 등은 청중의 감정을 건드리는 표현들이다. 결국 청중이 그 여인에게 동정심을 갖도록 유도하고 있다. 즉 청중들이 이 여인을 향해 안타까운 감정으로 대하도록 유도하고 있는 것이다.

그런데 위의 내용을 아래와 같이 전했다고 하자.

> 지금도 이스라엘에 가면 한낮에 모두들 쉬는 시간을 갖습니다. 너무 덥기 때문이지요. 간혹 특별한 경우의 차만 움직일 뿐 오후에는 조용합니다. 예수님 당시도 이와 같았습니다. 어느 뜨거운 여름 오후 한 사마리아 여인이 사방을 두리번거리며 우물가로 다가옵니다. 한낮 더위로 모두들 쉬고 있는 틈을 타 물을 길러왔습니다. 물동이를 내려놓고 두레박을 내립니다. '첨벙' 하며 물을 담아 한발한발 막 길어올리고 있는데, "물 좀 주시오." 하는 낯선 남자의 음성이 들려옵니다. 고개를 들고 쳐다보니…

이렇게 한다면 무엇이 문제인가? 청중들의 감정을 전혀 자극하지 못하고 있지 않는가? 감정을 자극하기 위해서 억지로 어색한 표현을 끼워넣을 필요는 없겠지만 자연스럽게 감정 표현을 삽입하는 것은 청중의 감정을 자극하는 데 절대적으로 필요한 것이다. 결국 사마리아 여인이 누군가를 절대적으로 필요로 하는 사람이라는 것을 부각시키고 있다. 혹은 그녀가 무언가 문제를 지니고 있고 그것이 해결되어져야 할 상황에 처해 있다는 것을 청중들이 느끼게 한다. 그리고 난 뒤 예수님을 만나서 그녀의 문제가 해결될 상황에 있다는 것을 청중들이 느끼게 만드는 것이다.

자, 이제 결론에 대해서 관심을 가져보자. 결론에서 청중의 감정을 자극하여 결단하게 만들라. 이것은 설교에서 가장 중요한 일이

다. 우선 결론에서 감정에 자극을 주지 못하는 경우를 보자.

…그러므로 결론을 맺겠습니다. 우리가 다시 한번 기억할 것은 첫째, 중보기도는 하나님이 들으십니다. 둘째, 중보기도는 하나님의 능력을 끌어들이는 도구입니다. 셋째, 그러므로 정성껏 남을 위해서 기도하십시오. 하나님이 들으시고 응답해주시는 것입니다. 남에게 도움을 주거나 물질을 주기 전에 먼저 중보기도로 도와주십시오. 여러분들의 자녀를 대할 때 앞일이 걱정되거든, 자녀를 위해 하나님께 먼저 간절히 기도하십시오. 배우자를 대할 때 불안하거든 응답하시는 하나님께 신실하게 기도하십시오. 자신뿐 아니라 가족을 위해 기도하시고 교회를 위해서 간절히 기도하시길 바랍니다. 이웃을 위해 정성을 다해 기도하고 하나님이 응답하시는 것을 체험하며 이웃에게 간증하며 하나님의 영광을 드러내시는 여러분 되시길 축원합니다.

자, 위와 같이 결론을 맺었을 때 무엇이 문제인가? 이미 앞에서 밝힌 내용을 다시 한번 강조하고 끝난 것이다. 결국 청중의 감정에 호소하지 않고 지성에 호소한 것이다. 이미 언급했듯, 지성에 호소하면 이해는 하더라도 중보기도하고자 하는 마음의 결단이 이뤄지지 않는다. 결단케 하려면 무엇보다 감정에 자극을 주어야 한다. 자, 이제 청중의 감정에 자극을 주고 난 뒤 호소한 예를 살펴보자.

유명 탤런트 나한일 씨를 잘 아실 것입니다. 밤늦게 촬영을 마친 어느 날 집에 돌아와 옷을 갈아입었습니다. 그리고 야간 촬영차 지방으로 출발했는데 그때가 밤 12시 경이었습니다. 차를 타자 곧 잠이 들었는데 얼마 후 '쾅' 하는 소리와 함께 눈을 떠보니 빗길에 차가 낭떠러지로 여러번 굴렀습니다. 차는 완전히 폐차가 되다시피했습니다. 그러나 놀랍게도 운전사만 약간의 상처를 입었을 뿐 나한일 씨는 털끝 하나도 다치지 않았습니다. 이때가 밤 12시 25분 경이었습니다. 피곤해보이는 남편이 안타까워 기도의 여인인 아내 유혜영 씨가 무릎을 꿇고 간절히 기도하기 시작했던 시각이 12시 15분경이었습니다. …(약간 쉼을 갖고)

사랑하는 성도 여러분, 중보기도를 무시해선 안됩니다. 하나님은 우리의 중보기도를 들으십니다. 응답하십니다. '내가 이렇게 기도한다고 하나님이 들으실까?' 하며 의심하면서 중보기도를 무가치하게 여기지 마십시오. 오직 하나님이 들으신다는 믿음의 확신을 가지고 간절히 기도하십시오. 여러분들의 자녀를 대할 때 앞일이 걱정되거든 자녀를 위해 하나님께 먼저 간절히 기도하십시오. 배우자를 대할 때 불안하거든 응답하시는 하나님께 신실하게 기도하십시오. 자신뿐 아니라 가족을 위해 기도하시고 교회를 위해서 간절히 기도하시길 바랍니다. 이웃을 위해 정성을 다해 기도하고, 하나님이 응답하시는 것을 체험하며 이웃에게 간증하며 하나님의 영광을 드러내시는 여러분이 되시길 축원합니다.

(박영재 설교)

자, 위의 예는 하나님이 중보기도에 응답하신다는 사실을 감정으로 느끼게 만든 다음 이렇게이렇게 하라고 호소하였다. 예화를 통해 중보기도에 하나님이 역사하신다는 사실을 보여주거나 확신하게 만든 다음 호소했기 때문에 기도하고자 결단케 하는 데 도움을 준다.

로이드 존스의 설교의 장점은 뛰어난 논리 전개이다. 반면에 단점은 종종 논리 전개만으로 설교를 끝맺는 경우이다. 청중의 감정을 끌어올려서 결단케 해야 하는데 논리적인 귀결만을 맺을 뿐 감정에 자극하는 면이 많지 못하다. 로이드 존스 설교의 뛰어난 논리 전개를 배우라. 그러나 감정이입이 없는 메마른 결론을 조심하라.

감정을 움직이게 만드는 방법들

1. 사랑, 자비, 용서, 희생 등의 감정의 언어를 사용하라. 또한 그림언어를 사용하라(그림언어 사용에 대해서는 나의 저서 「설교자가 꼭 명심할 9가지 설득의 법칙」을 참조하라).
2. 감정이 듬뿍 담긴 예화를 사용하라.
3. 서론과 결론에서는 감정에 자극을 주기에 충분한 예들을 활용하라.

잠깐만!
1. 일반적으로 듣는 사람이 좋아하고 공감할 만한 내용을 먼저 이야기하라
2. 가장 설득력 있는 내용을 처음이나 마지막에 두어 잘 기억할 수 있게 하라.
3. 짧은 메시지를 반복하라. 그러나 지루해질 정도로 반복하지 않도록 조심하라.

11 귀납법적 접근을 하라

연역법적 접근보다 귀납법적 접근이 청중의 관심을 사로잡는다

며칠 전 밤늦게 TV를 보는데, 한국 역사에 대한 강연 프로그램이 방영되고 있었다. 얼른 리모컨을 들어 다른 채널로 돌렸다. 그 순간 나의 관심을 집중시키는 채널이 있었다. 사람 얼굴을 그려놓고 관상에 대해 설명하고 있는 프로였다. 나는 관상을 믿지 않지만 흥미를 갖고 지켜보았다. 이 프로그램에서 나를 사로잡은 것은 무엇인가? 그것은 나와 직접 관련된 이야기가 흘러나오고 있었기 때문이다. 즉 사람의 이마가 어떻고 코가 어떻고 하는 등등의 이야기는 당장 나의 모습을 생각하게 만들었다. 자신과 관련된 이야기를 들을 때 사람들은 관심있게 듣는다. 그러나 자신과 관련이 없는 내용에

대해서는 관심을 닫는다. 지금 우리의 설교는 어떠한가? 청중의 삶에 관련된 내용으로 설교를 시작하는 것, 그것이 청중의 관심을 사로잡는 방법이다. 이런 설교를 귀납법적 설교라고 부른다.

왜 귀납법적 접근이어야 하는가?

귀납법적인 설교는 현대인들에게 절대적으로 필요하다. 포스트모더니즘, 종교다원주의, 뉴에이지 운동의 영향으로 현대인들의 기독교에 대한 거부감은 갈수록 심해지고 있다. 현대인들은 기독교를 유일한 종교가 아닌 여러 종교의 하나로 비하시킨다. 또한 인간을 초능력적 존재로 인식하는 데 걸림돌이 된다고 생각하거나 뚜렷한 자기 개성을 발휘하지 못하도록 사생활을 간섭하는 종교로 낙인찍는다. 이렇게 그들은 교회를 부정적 이미지를 지닌 단체로, 혹은 귀찮은 '예수쟁이'들의 모임으로 인식하고 있다. 갈수록 복음 전파가 어려워지고 있다.

이런 그들에게 설교자가 "성경은 말하길 인간이 구원을 받기 위해서는 오직 예수를 믿는 길뿐이라고 합니다."라고 말한다든지, "예수님을 믿지 않으면 지옥 간다고 성경은 말합니다."라고 말한다든지, "성령은 우리를 인도하십니다." 한다든지, "하나님은 살아 계십니다. 하나님은 지금도 우리를 돌보고 계십니다." 하는 등의 설교를 한다면 어떻게 들릴까? "바울은 초대교인들에게 우상을 버리고 믿음으로 살라고 권면합니다." 하는 등의 설교는 현대인들에게 어떻게 비쳐질까? 기독교를 먼 옛날 이야기, 혹은 과학이 존재하기 전에 인간 심성의 연약한 부분을 틈타 세력을 뻗친 종교로 이해할 것이다. 지구촌이 되어가는 세계에서 과학을 신봉하는 현대인들에게 기독교는 낡은 종교로 인식되기 쉬울 뿐이다. 성경 자체는 그들의 삶과는 매우 먼 거리에 있다고 느낀다. 설교에 이처럼 연역법적 접근법을 쓰고 있기 때문이다.

성경과 우리가 믿는 신앙에 대해 거부감을 갖고 있는 현대인들에게 이런 접근법은 매우 부적절하다. 그러나 접근법이 다르면 그들의 마음을 열어 성경을 진지하게 생각하도록 만들 수 있다. 예를 들어, "공중에 나는 새를 보라. 들의 백합화를 보라. 얼마나 잘 자라는가? 이 모든 것을 하나님이 키우시지 않는가? 당신의 문제에 대해서 걱정하지 말라. 이처럼 하나님이 당신도 돌보신다."라고 하면 더 설득력이 있지 않은가? 왜 그런가? 이 문구에서, 새나 꽃이 하나님의 손 안에서 자라고 있음을 이미 보여주었다. 이 말을 들은 순간 청중은 '그래 맞아, 하나님이 키우시지.' 하며 동의하게 된다. 그때 설교자는 이런 말을 덧붙일 수 있다. "여러분, 염려하지 마십시오. 당신의 삶도 하나님이 책임지십니다." 그러면 성도들은 자신들의 문제까지 하나님이 책임지신다는 것을 자연스럽게 수긍하게 된다. 왜냐하면 꽃과 새를 통해 이미 하나님이 자연을 돌보신다는 데 대한 확신을 갖게 했기 때문이다. 이것이 귀납법적 접근이다.

즉 귀납법적 접근은 삶의 정황으로부터 시작하는 설교에 효과적이다. 현재와는 멀리 동떨어진 이야기처럼 느껴지는 성경으로부터 시작하지 않는다. 설교자가 억지로 청중을 이해시키려 하지 않는다. 마치 가랑비가 서서히 우리의 몸을 적시듯 진리가 청중에게 자연스럽게 다가오게 해서 설득되도록 한다. 결국 귀납법적인 설교는 설교자가 억지로 청중을 이해시키려는 것이 아니라 청중 자신이 저절로 이해하도록 자연스러운 귀결을 유도한다.

그러나 연역법은 이와 정반대이다. 연역법은 설명을 통해 설득하려는 시도이다. 옛날 시골학교의 교장 선생님이 훈시하던 방법을 생각하면 쉽게 이해할 수 있다. 나이 많은 목사님들이 주로 사용해 온 방법이기도 하다. 예를 들어, "여러분, 살기가 얼마나 힘드십니까? 여러 걱정거리가 참 많지요. 하나님이 여러분을 책임지실 것입니다. 우리가 그분의 자녀인데 설마 우리를 그냥 내버려두시겠어요? 걱정하지 마세요."라고 한다. 하나님이 우리의 삶을 책임지신다는 사실을 밝히기 위해 설명을 장황하게 일삼는 것이다. 이런 경우에는 설교자가 설명을 잘 해도 청중은 여전히 동의하지 않을 수 있다. "아니, 하나님이 우리를 어떻게 책임지시나? 그것을 어떻게 믿나?" 하는 질문이 나올 수 있다.

그러나 귀납법적인 방법으로 접근하면 이런 문제는 자연스레 해결된다. 이미 증거를 제시했기 때문에 듣는 이가 수긍할 수밖에 없는 것이다. 그러므로 귀납법적인 설교는 사람들의 삶의 정황에서부터 시작한다. 그들의 일상 속의 느낌이나 경험 등에서 시작할 때 청중들은 관심을 갖고 설교에 귀를 기울이게 된다. 그러면 귀납법적 설교를 위해서 어떻게 해야 하는가? 몇 가지 원리가 있다.

귀납법적 접근을 하지 못한 설교의 예들

다음과 같은 설교를 듣는다고 상상해보자.

기독교 신앙의 중요한 특징은 하나님이 인간의 역사 가운데서 역사하고 계시며, 하나님의 뜻과 목적이 그러한 역사 속에 계시되어 있다는 것입니다. 지금까지의 인간의 역사를 살펴보면 그와 같은 내용이 잘 나타나 있습니다. 이스라엘 백성의 삶 가운데 그러하였고, 우리 한국의 기독교 역사 가운데서도 그러했습니다. … (모 목사)

　자, 위의 설교를 어떻게 생각하는가? 얼마나 피상적이고 이론적인가? 이 설교를 듣는 사람은 교회를 떠나기 전에 이미 설교 내용을 다 잊고 돌아갈 것이다. 이러한 설명적인 설교는 이해하기도 힘들고 관심을 집중하기도 어렵다. 바람직하지 않은 또 다른 예를 보자.

　　여러분, 우리는 자녀를 잘 키워야 합니다. 어려서부터 하나님을 두렵고 떨림으로 섬길 수 있도록 신앙을 키워주어야 합니다. 어려서부터 부모를 존경하는 마음을 갖게 해주어야 합니다. 자칫 잘못하면 여러분의 자녀가 탈선할 수 있습니다. 정신 바짝 차리고 키워야 합니다.… (모 목사)

　자, 위의 설교는 무엇이 문제인가? 당위성을 강조하는 명령으로만 이어졌다. 이런 접근법을 연역법이라고 한다. 이론을 통해 설명하고 설명을 통해 받아들이라고 강요하는 것이다. 청중들이 이러한 설교를 듣고 받아들이지 않는 것은 너무나 당연하다. 우리의 설교는 청중에게 명령을 하기 전에 그들로 하여금 명령을 받아들일 준비를 갖추게 해야 한다. 그러기 위해서 귀납법적 접근을 해야 한다는 것이다. 결국 연역법적으로 접근하기 전에 귀납법적인 접근을 통해 마음문을 열어야 하는 것이다.

귀납법적 접근을 한 전달되는 설교의 예들

그러면 어떻게 해야 귀납법적인 접근을 잘 성취할 수 있을까? 첫째, 삶의 정황에서 설교를 시작하라. 아래의 예를 보면서 비교해보자.

> 얼마전 저는 시골의 어떤 연로하신 할머니를 방문했습니다. 그분은 집 뒷산을 가리키며, "여기가 내가 어릴 적 놀던 곳이야. 그런데 내가 벌써 꼬부랑 할머니가 되었다니. 세월이 얼마나 빠르게 지나가는지 몰라!" 저는 그 말을 듣는 순간, "인간은 들의 풀과 같고 안개와 같다!"는 말씀이 생각났습니다. 그렇습니다. 인생은 쏜 화살처럼 빠르게 지나갑니다. …
>
> (박영재 설교)

자, 이것은 인간의 삶의 정황을 먼저 이야기하면서 원론적인 설명으로 옮겨간 것이다. 그런데 위와 같은 내용을 다음과 같이 표현했다고 하자.

> 여러분, 인간은 금방 죽습니다. 나이든 사람도 젊은이도 방금 태어난 아기도 언젠가는 다 죽습니다. 금방 태어난 아기가 오래 살 것 같지만 금세 늙어버립니다. 성경에 인간은 들의 풀과 같고 안개와 같으며 나그네와 같다고 했습니다. 그렇습니다. 인생은 참으로 짧습니다. 여러분, 인간은 금방 이 세상을 떠납니다. …

자, 전자와 후자가 어떻게 다른가? 후자는 연역법이다. 설명으로 일관하는 이런 설교는 청중의 가슴에 별로 와닿지 않는다. 즉 인간의 짧은 삶과 죽음을 이론적, 개념적으로만 설명하고 있다. 그러나 전자는 인생이 짧다는 것을 삶의 정황으로부터 먼저 보여주었다. 그리고 설명했다. 결국 청중이 죽음에 대해 더 심각하게 체감하도록 만들었다. 또 다른 예를 보자.

> 1950년대 후반 미국 뉴욕에서 브라더스 서커스단이 공연할 때의 일입니다. 한 조련사가 채찍으로 호랑이를 다루고 있는데 갑자기 정전됐습니다. 철책 안이어서 관중에게는 위험이 없었지만 문제는 조련사였습니다. 그러나 조련사는 조금도 당황하지 않고 노련하게 호랑이들을 다뤘습니다. 다시 불이 켜진 뒤 관중들은 조련사에게 일제히 기립 박수를 보냈습니다. 그 가운데 한 관중이 물었습니다. "어두웠을 때 당신은 무섭지 않았습니까? 당신은 어떻게 하여 그 어둠 속에서 무서운 호랑이를 다룰 수 있었습니까?" 조련사는 대답했습니다. "어둠 속에서 당황하면 호랑이들의 먹잇감이 됩니다. 조련사는 어둠 속에서도 밝은 곳에 있는 것처럼 행동해야 합니다."
> 그렇습니다. 우리 그리스도인은 이 어둠의 세상에서도 마치 빛 가운데 있는 것처럼 행해야 합니다. 그것이 사탄의 유혹을 이기고 세상의 유혹 앞에 약해지지 않는 당당한 그리스도인이 될 수 있는 최선의 길입니다. (박영재 설교)

자, 위의 예도 먼저 보여주고 설명했다. 이제 보여주지 않고 설명만 하는 연역법적 접근을 아래와 같이 했다고 하자.

> 우리 그리스도인들은 이 세상을 살 때에 어떤 모습으로 살아가야 할까요? 그것은 이 세상의 유혹을 이기는 삶을 사는 것입니다. 타락한 세상은 우리 그리스도인들을 넘어뜨리려고 언제나 다가와 속삭입니다. 어둠의 자식들이 되게 하려고 하는 것입니다. 그러나 그리스도인은 그런 사탄의 유혹에 넘어가선 안됩니다. 항상 하나님의 자녀답게 빛 가운데 살아가야 하는 것입니다. …

자, 무엇이 문제인가? 단지 설명만 쭉 늘어놓았다. 이것은 청중이 듣고 곧 잊어버리는 피상적인 설명일 뿐이다. 그러므로 삶의 정황으로부터 시작하는 예를 먼저 보여주고 설명하면, 청중들은 예를 통해 이미 충격을 받았기 때문에 이어지는 설명이 실감나게 받아들여진다. 그러므로 삶의 정황에서부터 시작하라.

둘째, 질문을 던져라. 귀납법적 접근의 또 다른 예는 설교자가 미리 결정된 사항을 선포하는 것이 아니라 질문을 던짐으로 설교의 목적을 향해 청중과 함께 나아가는 것이다. 즉 절대로 결론을 내려 강요하지 않고 질문을 던져 결론을 유도해야 하는 것이다. 게다가 이러한 질문은 청중을 설교에 참여시킴으로써 청중과 함께 설교를 만들어가게 해준다. 그러면 청중이 그 설교에 관심을 보이며 참여

하는 태도를 갖게 된다. 결국 성도가 설교에 귀를 기울이도록 만드는 것이다. 예를 들어보자.

우리는 때때로 영적인 지도자는 실패하지 않는다고 생각합니다. 그러나 훌륭한 지도자라 할지라도 실패할 수 있고 아무리 탄탄대로를 걷는 사람이라 할지라도 실패할 수 있는 것입니다. 뜻을 이루기 원하지만 그것을 포기하기도 합니다. 사업을 번성케 하고 싶지만 망하기도 합니다. 가정을 화목하게 꾸미고 싶지만 위험한 상황에 직면하기도 합니다. 꿈을 성취하기 원하지만 물거품이 되기도 합니다. 기쁨이 충만한 삶을 원하지만 슬픔에 휩싸입니다. 주님의 영광을 위해 살기 원하지만 오히려 영광을 가리기도 합니다. 실패하기 원하는 사람은 없습니다. 모든 면에서 성공하기 원하지만 결과가 불행해질 때가 있습니다. 이것이 실패입니다.
그러면 한 가지 질문해봅시다. 우리가 왜 실패하게 됩니까? 원치 않는 실패를 우리가 왜 경험하느냐는 말입니다. 오늘 하나님의 사랑스런 말씀은 우리가 실패하는 원인을 말씀해주고 있습니다. 요한복음 18장 15절에 보니 … (박영재 설교)

설교자는 일방적으로 결론을 내리지 않는다. 질문을 통해서 청중과 함께 결론을 유도해가고 있다. 이러한 태도는 청중을 존중하는 것이다. 결국 청중은 자신들을 존중하는 설교자의 태도에 호응하게 된다. 또 다른 예를 보자.

… 오늘 본문 누가복음 5장 8절에 "시몬 베드로가 이를 보고 예수의 무릎 아래 엎드려 가로되 주여 나를 떠나소서 나는 죄인이로소이다 하니…"라고 했습니다. 베드로가 예수님이 누구신지 제대로 깨닫는 순간입니다. 베드로는 고기잡는 일에 문외한인 예수께서 어느 곳이 황금어

장이었는지를 알고 계신 그 권위 앞에 무릎을 꿇습니다. 그리고 예수님을 자신과 동등한 사람으로 보았던 그 잘못을 두려워하며 고백합니다. 예수님의 개입을 하찮게 생각했던 그의 불신앙을 회개합니다. 무엇보다 자신이 얼마나 부족하고 어리석은 존재인가를 주님 앞에서 철저히 깨닫는 순간입니다.

　한 가지 질문해봅시다. 예수님께서 베드로에게 왜 이 엄청난 어획을 경험하게 하셨습니까? 물론 그들의 빈손을 채우기 위한 은총 때문입니다. 그러나 그들에게 어획을 허락하신 데에는 더 큰 이유가 있습니다. 그것은 …
(박영재 설교)

　여기서도 나는 중도에 질문을 던졌다. 설교의 방향을 결정하는 키가 되는 질문이기도 하다. 나는 이것을 "예수님께서 베드로에게 엄청난 어획을 경험하게 하신 것은 다름 아니라…"라고 말하지 않았다. 문장이 평범해지는 것을 막고 동시에 청중들이 무관심해지는

것을 막아준다. 무엇보다 결론이나 답변을 주지 않고 청중들이 질문에 스스로 답변할 기회를 줌으로써 그들과 함께 설교의 목적을 향해 달려가는 것이다.

그리고 이 삶의 정황을 설명하기 위해 대화, 유추, 질문, 비유, 확실한 경험 등을 이야기하고 이것을 성경적 결론으로 이끌어나간다. 결국 증거나 예화를 먼저 말한다. 결론이나 주장은 먼저 말하지 않는다. 그것들은 청중과 함께 만들어져 설교의 끝부분에 전해져야 하는 것이다.

연역법적인 설교는 설교자의 입장에서 시작한다. 자신이 가진 원리, 성경적 가르침, 자신의 의향을 전하고 그것이 옳다는 것을 증명해나간다. 반면 귀납법적인 자세는 일방적으로 강요하지 않고 청중에게 적응해나간다. 어쩔 수 없이 용납하는 것이 아니라 물음을 던지면서 청중을 파고든다. 청중과 타협하려는 것이 아니라 그들로 하여금 공감하게 한다. 청중을 괴롭히거나 기분 상하게 하지 않고 손짓해 인도하는 것이다. 청중에게 강요하지 않고 그들과 협조해나간다. 즉 밀어부치지 않고 대화하며 가르친다. 주장하는 것이 아니라 묻고, 명령하지 않고 함께 연구한다. 함께 삶의 문제를 풀어가며 함께 해답을 찾으려 노력한다.

결국 귀납법은 설명함으로써 권위를 얻어간다. 그러나 연역법은 이미 권위를 가진 상태에서 시작한다. 귀납법은 질문을 던지지만 연역법은 대답을 주장한다. 귀납법은 사실에서 원인을 찾고 확장시킨다. 그러나 연역법은 사실들을 분류한다. 귀납법은 이유를 분석하여 노출시키지만 연역법은 이유를 변호한다. 귀납법은 청중이 통찰력을 갖고 참여토록 유도한다. 그러나 연역법은 원리들을 부과한다. 또한 귀납법은 건설적이며 창조적이지만 연역법은 제한적이며 인식적이다. 귀납법은 쌓아올린다. 그러나 연역법은 주장한다. 귀납법은 유연한 반면 연역법은 확고하게 결정되어 있다.

연역법과 귀납법의 차이에 관한 좀더 자세한 내용을 알려면 루이스(Lewis)의 「귀납법적 설교」(Inductive Preaching)를 읽어보라. 또 김기홍 목사의 「목사님의 설교를 들으면 신바람이 나요」를 읽어보라. 여기서 김기홍 목사는 루이스의 작품을 번역 소개하고 있다(연역법과 귀납법의 차이에 대해서 김기홍 목사가 번역한 루이스의 작품을 인용했음을 밝힌다).

귀납법적 접근을 하는 방법들

1. 삶의 정황에서 시작하라.
2. 결론에 이르도록 유도하기 위해 질문하라.
3. 결론에 이르기 위한 유추를 하라.
4. 질문이나 유추를 통해 청중과 함께 답변을 풀어나가라.

주입하려 하지 말고 설득하라

일방적이며 주입적인 설명은 청중의 마음을 움직이지 못한다

지금까지 우리의 설교는 '선포'라는 개념 속에서 하나님의 말씀을 단지 외치기만 하면 된다고 생각했다. 그리고 그 이후의 모든 결과는 하나님께 맡긴다는 심정이었다. 설교를 받아들이지 않고 설교를 통해 영적 성장을 이루지도 못하는 성도들을 향해 "교만하다."느니 "세속적인 신자"라고 비난하면서 모든 책임을 성도들에게 전가시킨다. 즉 설교에는 문제가 없는데 받아들이는 사람들의 마음밭이 다양하고 악한 가운데 있기 때문이라고 생각하는 것이다.

이 말이 전혀 틀린 말은 아니다. 그러나 책임 소재를 분명히 가려

보면 보다 많은 책임이 청중보다 설교자에게 있음을 명심해야 한다. 우리의 설교를 분석해보면 강의처럼 지식 전달에만 그치는 주입식 설교인 경우, 받아들일 준비가 안 된 성도들에게 설교자가 준비한 것만을 일방적으로 외치는 경우, 청중이 안 받아들인다며 기를 쓰고 강요하는 경우, 청중의 반응은 냉랭한데 그저 혼자 외치는 독백적인 경우 등이 있다. 이 모든 경우는 청중의 마음을 움직이는 설득적인 선포가 아니다. 단지 청중의 마음문을 꼭꼭 닫아놓는 소득 없는 외침일 뿐이다.

왜 설교가 설득적이어야 하는가?

워렌 위어스비는 마이클 레디(Michael J. Reddy)의 '수도관 은유'(the conduit metaphor)의 개념을 설명하면서 목회자들이 설교를 얼마나 잘못 전달하고 있는가를 설득적으로 밝히고 있다. 우리는 대개 말할 때, 자신은 상수도관과 같은 지식의 원천으로 여기면서도, 듣는 상대방은 텅빈 수도관처럼 우리가 전하고 있는 것을 마냥 그대로 받아들이기만 한다고 생각한다.

다시 말하면, 우리가 입을 열어 말할 때, 자신과 상대방 사이에 보이지 않는 수도관 같은 것이 있다고 여긴다. 그래서 전달하려는 정보가 자동적으로 한 사람의 마음에서부터 다른 사람의 마음으로 공급되면서 의사소통이 성공적으로 이루어진다고 믿는다. 이런 '수도관' 유형의 사고를 하는 사람들에게 생각은 곧 '말'이라는 용기에 담겨지는 '물건'이며, 내뱉어진 말을 통해 다른 사람들의 '정신'에 전달되는 그 무엇으로 여겨진다. 레디는 이 관점을 "언어는 수도관 구실을 하며, 수도관이 물을 한 곳에서 다른 곳으로 전달하듯 한 사람의 생각을 다른 사람에게 기계적으로 전달하는 기능을 한다."는 말로 요약한다.

그런데 이같은 관점이 설교에 그대로 적용되고 있는 경우가 많다. 설교에서나 주일학교 강의중에 "이 말을 그냥 흘려듣지 마셨으면 합니다." 하는 식의 말을 했다면, 자신도 모르게 '수도관 비유'를 적용한 셈이다. 혹은 "이 생각이 잘 전달되었으면 합니다."라든지, "여러분 마음에 이 생각을 잘 넣어드리고 싶습니다."와 같은 표현들도 마찬가지로 의사소통에서 '수도관' 접근방식을 적용한 것들이다(워렌 위어스비,「상상이 담긴 설교」, pp. 27-28).

이 말을 좀더 구체적으로 언급하면, 많은 설교자들이 자신들의 설교를 주석서를 읽는 것처럼 전한다는 것이다. 즉 내용이 성경적이

라고 할지라도 설교에 다양한 내용만 잔뜩 나열해놓고 받아들일 것을 강요하는 것이다. 설교를 그저 본문을 분석하고, 그 분석한 내용을 정돈 배열해서 설교 시간에 마냥 그대로 가르치기만 하면 되는 것으로 생각하는 설교자들이 적지 않다. 그러니 설교라는 것이 단지 논리적인 개요를 제시하는 수준으로 전락하여 마치 신학강의나 논문 발표처럼 되고 마는 것이다. 마치 건조시킨 비상 식량처럼 그저 설명하고 적용할 내용만 압축하여 전달하면 청중이 설교를 100퍼센트 잘 받아들일 것이라고 생각해온 탓이다. 바로 이것이 문제다. 설교란 청중의 삶에 변화를 이루어내고 결단을 끌어내는 설득적인 선포이어야 하지 않는가?

설득적이지 못해 설교가 전달되지 않은 경우들

그러면 어떤 경우 우리의 설교가 설득적이지 못하게 될까?
첫째, 설명 위주의 설교는 청중을 설득할 수 없다.
둘째, 본문 위주의 설명은 청중을 설득할 수 없다. 왜냐하면 설교가 청중의 삶과 관련성이 없는 경우 청중을 설교에 무관심해지도록 만들기 때문이다.
셋째, 동기부여가 없이 당위성만 강조하는 설교는 청중을 설득할 수 없다.

설득적인 설교로서 잘 전달된 경우들

그러면 어떻게 해야 우리의 설교가 설득적일 수 있을까?

첫째, 필요를 느끼게 하라. 이 말은 이유를 밝히라는 뜻과 같다. 사람들에게 필요를 느끼게 하라. 그러면 그들은 설득당한다. 예를 들면, 어떤 아들이 "엄마, 나 버스비가 다 떨어졌어요. 교통비 5천 원만 주세요." 하면, 그것은 엄마의 마음을 설득하기에 충분하다. 더 이상 설명하지 않아도 엄마는 아들에게 교통비를 줄 것이다. 그 필요성을 인식하게 했기 때문이다. 그러나 아들이 "엄마, 나 5천 원만 주세요. 그냥 갖고 싶어요." 하면, 엄마는 주지 않을 수도 있다. 분명한 명분이나 필요성이 전제되지 않았기 때문이다.

설교에 적용해보자. 설교자가 "여러분, 내일까지 땅값의 잔금 5백만 원을 갚지 못하면 그 땅은 다른 사람의 손에 넘어갑니다. 지금껏 낸 돈도 다 잃게 되구요. 그동안 건축비 내시느라고 참 수고를 많이 하셨는데, 이제 마지막으로 한번 더 건축을 위해 힘쓰십시다." 하면 설득적인 내용이 된다. 필요성이 너무나 절실하게 호소되고 있기 때문이다. 그러나 설교자가 "성도 여러분, 우리 교회에 한 5백만 원 정도만 저축해놓으십시다. 혹시 필요할 때에 쓸 수 있도록 말입니다." 하면, 사람들은 설득되지 못할 것이다. 필요성이 제시되지 않았기 때문이다.

예를 하나 더 살펴보자. 요즘 한국이 외화 부족 상태에 있다고 가정하자. 초등학교 학생들에게 외화 낭비를 줄이기 위해 "외제 물건을 사지 맙시다. 외화낭비를 줄여야 합니다."라고 말한다면 별 효과가 없을 것이다. 그 대신 현재 외화 유출이 한국경제에 얼마나 심각한 영향을 끼치는가를 밝힌다. 그리고 그로 인해 한국이 국가적으로 부도나기 직전에 있음을 또한 밝힌다. 동시에 이제 각계각층에서 외화 낭비 안 하기 운동을 벌일 때 실효를 거둘 수 있음을 알려준다. 결국 외화 절약의 필요성을 제시해야만 국민을 더 효과적으로 설득할 수 있다. 그러므로 효과적인 설득을 위해 필요성을 제시하라.

둘째, 공감대를 만들라. 이미 공감대의 필요성과 그 의미에 대해서는 앞에서 언급했고 그 방법까지 설명했다. 그러므로 보다 자세한 내용은 제 1장을 보라.

셋째, 설명하지 말고 보여주라. 그러면 설득적이 된다. 설명만 연속되면 청중들은 피상적으로 느낄 뿐이다. 피상적으로 받는 느낌은 청중 스스로 변화를 가져오게 하는 데는 역부족이다. 이론적인 설명만 담긴 설교는 청중에게 아무것도 남겨주지 못한다. 듣는 순간 그때뿐이다. 아래의 예는 설명하기보다 보여주는 경우이다.

댄 클라크가 10대였을 때의 일입니다. 그가 어느 날 아버지와 함께 서커스를 구경하기 위해 매표소 앞에 줄을 서 있었습니다. 매표소와 댄의 가족 사이에는 한 가족만 남았는데, 그 가족은 인상적이었습니다. 맨 앞줄의 부부와 뒤를 이은 8명의 자녀는 비싸진 않지만 깨끗한 옷을 입고 있었습니다. 아이들은 태어나서 처음으로 서커스를 구경하게 되었다고 매우 흥분해 있었습니다. 아내는 남편을 바라보며 "당신은 정말 멋진 가장이에요." 하며 미소를 보냈습니다. 마침 매표소 여직원이 몇 장의 표를 원하느냐고 물었습니다. 남자는 힘주어 자랑하듯이 말했습니다. "우리 온 가족이 서커스 구경을 할 수 있도록 어린이표 여덟장과 어른표 두장을 주시오." 이 말을 들은 여직원이 입장료 총액을 말했

습니다.

　그 순간 아이들의 어머니는 잡고 있던 남편의 손을 놓고 고개를 떨구었습니다. 남자의 입술이 가느다랗게 떨렸습니다. 모자라는 돈 때문에 아이들을 실망시키게 될 부모의 참담한 심정을 읽을 수 있었습니다. 이 상황을 지켜보던 댄의 아버지가 말없이 주머니에 손을 넣더니 20달러짜리 지폐를 꺼내 바닥에 떨어뜨렸습니다. 그런 다음 몸을 굽혀 그것을 다시 주워들더니 앞에 서 있는 남자의 어깨를 두드리며 말했습니다. "여보시오, 선생. 방금 당신의 호주머니에서 이것이 떨어졌소."

　그 남자는 눈치를 챘습니다. 그러나 절망스런 상황에서 그는 댄의 아버지의 손을 잡았습니다. 20달러를 꼭 움켜쥐며 떨리는 목소리로 말했습니다. "고맙소, 선생. 이것은 나와 내 가족에게 정말로 큰 선물이 될 것이오." 남자의 눈에서는 눈물이 글썽거렸습니다. 그들은 곧 표를 사서 서커스장 안으로 들어갔습니다. 댄의 가족은 차를 타고 집으로 돌아와야 했습니다. 그 당시 댄의 집 역시 결코 부자가 아니었습니다. 댄의 고백이 인상적이었습니다. "우리는 그날 밤 서커스 구경을 못 했지만, 마음은 결코 허전하지 않았습니다."

　여러분, 이웃에게 사랑을 베풀면 베푼 만큼 기쁨이 생깁니다. 마음을

닫고 살수록 외로움이 커집니다만, 마음을 열고 이웃에게 사랑을 나눌
수록 내 속에 기쁨이 커지는 법 아닙니까? (박영재 설교)

  이 부분이 왜 감동적인가? 보여주었기 때문이다. 이웃에게 사랑을 나누었을 때 기쁨이 찾아온다는 것을 설명이 아니라 실례를 들어 보여주었기 때문이다. 말로 설명하는 것은 피상적이기 쉽다. 이론으로 끝나기 쉽다. 결국 마음에 와닿지 않는다. 교회 문을 나서면서 들었던 것을 곧 잊어버린다. 그러나 위의 예화는 보여주었다. 청중은 본 것을 오래 기억한다. 확실히 이해하게 되고 마음을 열고 감동을 받는다. 그때에 결국 공감하게 된다. 즉 "사랑을 베푸는 삶이 기쁨을 갖게 하는구나!" 하는 것을 깨닫게 한다.
  넷째, 청중에게 주어질 유익에 대해서 말하라. 전달하는 방식에서 설명보다는 보여줌으로써 구체적으로 청중에게 호소하면 설득에 도움이 된다는 사실을 이미 밝혔다. 그런데 이 경우 역시 내용 면에서 생각해본다면, 청중에게 설교자가 원하는 대로 따랐을 때 주어질 큰 유익을 밝히는 것이다. 자기의 유익을 따라서 행동하는 것이 사람의 본성이다. 설교자가 하자는 대로 했을 때 고통과 불이익이 따른다면 누가 설득당하겠는가? 그러므로 설교자의 요청에 순응할 때 주어질 유익을 가급적이면 확실하게 밝히라. 그러면 설득된다. 예를 들어, 약장수의 약선전은 그 약을 먹었을 때 주어질 효험에 대해 집중적으로 설명한다. TV나 라디오의 모든 광고들도 역시 그 물건들이 사람들에게 얼마나 많은 유익을 주는가에 대해 확신을 갖게 한다. 결국 설득하기 위함인 것이다.
  설교도 마찬가지다. 예를 들어, "이렇게 하시면 영적으로 유익한

점 세 가지가 있습니다. 첫째…, 둘째…, 셋째…" 하면, 성도들은 "아하! 저런 세 가지의 유익이 있구나!" 하며 긍정적으로 받아들이게 된다. "여러분들이 믿음으로 사는 것이 항상 좋은 것만은 아니란 사실을 명심해야 합니다. 오히려 믿음으로 살면 육체적인 아픔이 있고 손해가 생길 수도 있습니다. 그러나 그런 고통과 손해를 알면서도 믿음의 길을 선택한다면 하나님은 그 믿음을 가장 귀히 여기실 것입니다. 동시에 하나님께로부터 믿음을 인정받는 믿음의 사람이 될 것입니다." 이것도 결국 믿음의 길을 선택했을 때 주어질 유익을 말했기 때문에 설득적인 것이 된다.

설득을 위한 방법들

1. 주입하려고 하지 말라.
2. 강해 위주의 설교로 일관하지 말라.
3. 필요성을 제기하라. 혹은 이유를 밝히라.
4. 공감대를 형성하라.
5. 설명하지 말고 보여주라.
6. 청중에게 주어질 유익에 대해서 말하라.

잠깐만!
설교자는 성도와의 대화에서도 설득의 법칙을 활용할 필요가 있다.

1. "예" 혹은 "아니오"라고 대답할 수 있는 질문을 하지 말라. 흑백논리로만 이끌지 말라는 것이다.
2. 상대방을 이해하고 의견차이를 없애는 대화를 시도하라. '97년 1월 3일자 중앙일보에 가장 멋있는 남자의 조건 세 가지가 기사로 실렸는데, 그 첫번째가 자신의 마음을 활짝 열고 상대방을 깊숙이 이해하는 사람이었다. 그렇다. 상대방이 나의 생각이나 느낌을 잘 이해해준다면, 나는 곧 그 사람에게 푹 빠지게 될 것이다. 목회자가 꼭 가져야 할 덕목이 아니겠는가?
3. 상대방을 진심으로 자주 칭찬하라. 상대방을 칭찬해줄 때는 사람들의 눈에 잘 띄지 않는 장점을 찾아 칭찬하라. 또 일의 결과보다는 과정중에 있을 때 칭찬하라.
4. 남의 이야기를 잘 들어주는 사람이 되어라. 이야기하는 사람의 입장에 서서 이해해주면 좋다.

전달과 소통을 가로막는 방법상의 요인들

13 예화를 효과적으로 사용하라
14 예화를 정확히 사용하라
15 하나님을 경험하게 만들라
16 감각있는 설교를 위해 커뮤니케이션의 7대 원리를 적극 활용 하라
17 설교감각을 키우기 위해 5단계 기초 커뮤니케이션 이론에 익숙해지라
18 무릎으로 설교의 힘을 키우라

전달되는 설교를 위한 강력 커뮤니케이션 법칙

예화를 효과적으로 사용하라
정확한 예화 사용은 설교의 효과를 극대화시킨다

적절한 예화 사용의 필요성

설교에 예화가 필요한가? 대답은 자명하다. 예화가 들어감으로써 설교의 질을 높이는 것은 물론이거니와 청중의 이해를 돕고 설교의 목적을 성공적으로 성취하는 데 절대적으로 중요하기 때문이다. 간혹 설교학자들 간에 예화의 필요성을 부인하는 어처구니없는 주장이 나오기도 한다. 예화를 사용함으로써 설교를 가치없게 전락시킨다고 보기 때문이다.

그러나 이는 매우 어리석은 생각이다. 예화의 힘이 설교에서 차지

하는 비중은 실로 막중하다. 이제 그 예화의 필요성을 언급해보고자 한다.

예화는 구체적으로 어디에 필요한가? 예화를 사용하려 하기 전에 설교자는 반드시 다음과 같은 질문들을 던져야 한다.

우선 요점(설명)이 예화 사용을 요구하는가 하는 질문이다. 설명 자체가 이야기식으로 전개되었으면 또 다른 이야기식의 예화는 필요치 않다는 것이다. 예화란 앞부분의 설명이 피상적이고 관념적일 때 이를 구체화시키고 쉽게 이해시키기 위해서 사용된다. 그러므로 예화가 꼭 필요한가를 먼저 생각해보고 사용해야 한다는 것이다.

그리고 예화를 통해서 무엇을 전달하려는지를 자문해보아야 한다. 분명한 목적 없이 그저 빈 공간 채우기 식으로 예화를 사용해서는 안 된다는 것이다. 설교를 듣다보면 종종 '예화를 왜 하필 이곳에 사용해서 설교를 망치는가?' 하는 안타까움을 가질 때가 있다. 즉 목적이 불분명한 상태에서 예화가 사용된다는 것이다. 예화를 통해 어떤 목적을 얻으려는지가 분명해야 한다. 예를 들어, 진리를 확신시키기 위함인지, 청중의 마음문을 열기 위함인지, 혹은 그들의 감정에 파도를 일으켜 결단에 이르게 하기 위함인지 등 예화 사용에 선명한 목적이 있어야 한다는 것이다. 그러면 예화가 왜 필요한가를 구체적으로 살펴보자.

1. 예화는 개요 혹은 요점을 분명히 각인시키는 데 필요하다.

청중들은 개요에 대한 설명을 듣고 나면 그 개요의 내용을 그림으로 그릴 수 있는 시간을 필요로 한다. 이때 예화를 통해 개요의 요점을 그려주면 선명하게 그 의미를 전달할 수 있다.

2. 예화 자체가 곧 청중의 삶에 적용할 내용이 될 수 있다.

청중이 예화 자체를 교훈으로 받아들이게 할 수 있다. 가령 기도에 응답받을 때까지 끝까지 기도하는 사람의 예를 들면, 그 예화 자체가 청중에게 기도에 임하는 자세를 직접 가르치는 것이 된다.

3. 결단에 이르도록 행동을 촉구한다.

결론에서 사용된 예화가 청중들에게 결단하도록 촉구하는 결과를 낳는다.

4. 진리를 확인시킨다.

예를 들어, 죄를 지으면 정신적으로 괴롭다는 사실을 성경 내용으로 설명했다면, 그 다음엔 삭개오나 그와 비슷한 사람의 예를 들어 정신적 고통의 실례를 입증한다.

5. 진리를 오래 기억하도록 만든다.

예화는 그림으로 그려주는 단계이므로 청중의 기억에 오래 남게 된다.

6. 장식으로도 쓰인다.

설교가 논문 위주의 내용이라고 생각해보라. 얼마나 삭막하겠는가? 그것을 알아듣는 사람이 얼마나 될까? 이해하기 어렵고 피상적인 논리의 설교를 쉽고 분명하게 만드는 예화는 그 필요에서뿐 아니라 설교의 구도에도 균형을 이루어준다.

7. 청중들의 주의를 끄는 데 사용된다.
딱딱한 설명이나 논리전개에 비하면, 예화는 역시 모든 청중의 관심을 끌기에 충분하다.

8. 다양한 청중을 쉽게 흡수한다.
논리적이거나 관념적인 설명은 청중의 지적 수준에 따라 전달에 한계를 가질 수 있다. 그러나 예화는 모든 청중에게 쉽게 다가갈 수 있다.

예화 사용의 원리들

1. 예화가 들어갈 위치를 잘 선정하라.
서론과 본론, 결론에서 쓰이는 예화의 종류가 각각 따로 있다. 서론에서 쓰이는 예화는 청중의 마음을 열게 하고 본론에 관심을 갖게 하는 동기유발적인 예화이어야 한다. 간혹 본론이나 결론에서 쓰여야 할 예화가 서론에서 쓰이는 경우를 발견하기도 한다.

본론에서 쓰이는 예화는 설교자가 강조하고자 하는 진리들을 확신시킬 목적으로 사용해야 한다. 혹은 그 진리에 청중이 동감하도록 만들거나 진리를 진리로 깨닫게 만드는 예화이어야 한다.

결론에서 쓰이는 예화들은 청중이 설교를 듣고 결단하게 만들거나 행동(실천)으로 옮기게 할 목적으로 사용해야 한다. 간혹 본론에서 쓰여야 하는 예화, 즉 진리를 확신시켜주는 정도의 수준에 머무는 예화를 결론에서 사용하는 설교자들이 있다. 그러면 설교가 훌륭한 결론을 만들지 못하게 된다. 결론에서 쓰이는 예화는 청중의 감정에 호소하여 결단케 하는 데 충분한 역할을 할 수 있는 것이어야 한다.

2. 예화 사용을 서둘지 말라.

예화는 언제 사용하는 것이 바람직할까? 물론 처음부터 예화로 설교를 시작할 수 있고, 그 설교의 어느 부분에서든지 예화를 사용할 수 있다. 그러나 예화를 서둘러 사용해선 안된다는 말은 청중이 예화를 필요로 할 때까지는 기다려야 한다는 것이다. 예를 들어, 설교자가 어떤 진리를 설명하는데, 그 설명 자체가 관념적이고 피상적이거나 혹은 추상적이며 개념적일 수 있다.

이렇게 설명하는 식의 설교는 청중에게 진리를 확실하게 이해시키거나 청중의 감정을 추스리기가 다소 어려울 수 있다. 게다가 청중들에게 싫증을 느끼게 만든다. 결국 진리를 쉽게 이해하도록 만들 계기가 절실히 필요해진다. 바로 이때 예화를 삽입해야 한다. 그러나 지나치게 예화를 많이 사용하면 예화 일색의 값싼 설교가 될 수도 있음을 조심해야 한다. 청중은 논리적인 설명도 좋아하지만, 동시에 그 논리를 그림으로 그려서 설명하는 예화도 좋아한다는 것을 기억해야 한다.

3. 예화가 설교의 주제나 본문 설명의 내용과 정확히 연결되어야 한다.

본문 설명에서는 A라고 설명해놓고, A나 B란 주제가 담긴 예화를 사용하는 잘못을 저지를 수가 있다. 많은 설교를 분석해본 결과, 본문 설명과 정확하게 일치하지 않는 예화를 사용하는 설교가 비일비재했다.

4. 지나친 예화 사용은 청중을 식상하게 한다.

한 편의 설교에서 지나치게 예화를 많이 사용하는 것은 설교를 깊이있게 하는 데 별 도움을 주지 못한다. 또 날카로운 논리전개 없이 청중의 감정만 건드리는 예화의 나열은 설교를 값싼 것으로 전락시킬 수 있다. 결국 청중들도 그 설교에 매력을 느끼지 못하게 된다.

5. 예화 내용에 충분히 익숙해지라.

소개할 예화에 대해 편안하게 잘 알고 있는 상태에서 설명하라. 어떤 설교자는 예화를 설명하면서 설교자 자신이 그 예화를 잘 알지 못하는 내용인 것처럼 느끼게 만들거나 또 자신에게는 생소한 것처럼 말하기도 한다. 아무리 훌륭한 예화 내용이라 할지라도 전하는 사람이 서툴게 전하거나 충분히 알지 못한 채 설명한다는 인상을 줄 때, 청중은 그 예화를 통해 은혜받기가 어렵다. 그러므로 설교자는 무슨 예화를 설명하든지 그 예화에 아주 익숙해져 있어야 한다. 그래야 예화에 힘을 불어넣을 수 있다.

6. 예화 속에 나오는 본래의 경험을 있는 그대로 말하라.

예화 주인공의 감정을 있는 그대로 전달하라. 그래야 생생하게 전달할 수 있다. 예를 들어보자.

성공적인 만화가로 일생을 보냈던 랄프 바톤은 자신의 60회 생일을 맞아 한 가지 의미있는 고백을 했습니다. 그는 남부럽지 않게 돈도 벌어보았고 명성도 얻었으며 인기도 얻었다고 했습니다. 또 세계 도처의 명승지마다 별장이 있고, 때를 따라 아내를 바꾸어보기도 했지만, 60 평생 단 하루도 피로가 풀린 날이 없었다고 했습니다. 여러분, 인간이 부러워하는 모든 것을 누린 그가 여전히 피로를 풀지 못한 이유가 무엇일까요?

자, 위의 예화를 아래와 같이 바꾸어보자. 그리고 분석해보자.

성공적인 만화가로 일생을 보냈던 랄프 바톤은 60회 생일날 친구들에게 이렇게 고백했습니다. "나는 남부럽지 않게 돈도 벌어보았고 명성도 얻었으며 인기도 누렸습니다. 그리고 세계 도처의 명승지마다 별장이 있고 또 때를 따라 아내도 바꾸어보았습니다. 그러나 60 평생에 단 하루도 내 마음의 피로가 풀린 날이 없었습니다." 여러분, 인간이 부

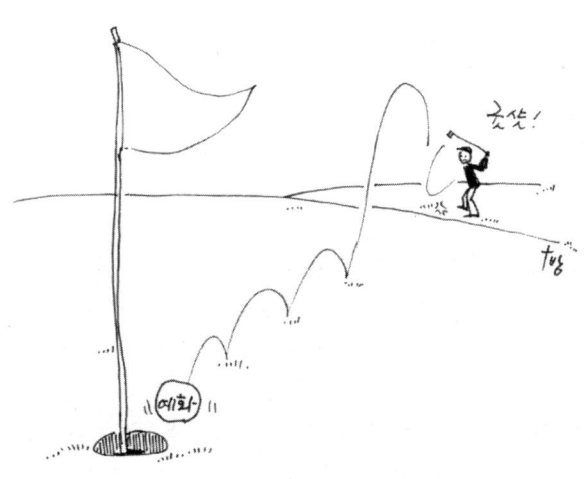

러워하는 모든 것을 누린 그가 한시도 피로를 풀지 못한 이유가 무엇일까요? (박영재 설교)

자, 위의 예화 가운데 어느 것이 더 마음에 와닿는가? 후자가 아닌가? 왜냐하면 후자는 예화 속의 주인공의 고백을 직접 전했기 때문이다. 이렇게 직접 전할 때 감정 전달이 더 분명해진다. 그러므로 본래의 경험, 즉 감정이 나타날 수 있는 원래 내용 그대로를 전하라(이에 관한 자세한 내용은 나의 책 「설교자가 꼭 명심할 9가지 설득의 법칙」의 93-105페이지를 참조하라). 또 다른 예를 들어보자.

어느 날 크게 낙심해 있는 마틴 루터가 피곤에 지쳐 있을 때였습니다. 남편의 낙심한 모습을 본 루터의 부인이 상복을 입고 루터 앞에 나타났습니다. 그 이유를 묻는 남편에게 부인이 이렇게 대답했습니다. "하나님이 돌아가셨어요. 어제도 그저께도 살아 계신 하나님께서 오늘도 살아 계시다면 당신이 왜 이렇게 실망하시겠어요?" 그렇습니다. 하나님을 신뢰하면 우리의 모든 두려움은 봄눈 녹듯이 사라집니다.

(모 목사)

위의 예는 감정이 별로 삽입되지 않았다. 그러므로 성도의 감정에 호소하기에는 다소 미흡한 점이 있다. 본질을 그대로 전하면서도 청중이 감정을 느끼도록 만들어보자.

어느 날 크게 낙심해 있는 마틴 루터가 피곤에 지쳐 있을 때였습니다. 남편의 낙심한 모습을 본 루터의 부인은 검은 상복을 입고 루터 앞에 나타나, "아이고! 아이고!" 하며 방성대곡을 했습니다. 그 모습을 본 루터는 깜짝 놀라 누가 죽었느냐고 물었습니다. 그때 부인이 "하나님이 돌아가셨습니다." 하고 대답했습니다. 그 말을 들은 루터가 "아니, 하나님이 죽으셨다니?" 하자, 부인이 "하나님이 돌아가시지 않았다면 당신이 왜 그리 실망합니까?" 하고 물었습니다. 그 순간 루터는 자신이 침체에 빠져 있었던 사실에 깜짝 놀랐습니다. "그렇지! 하나님은 살아 계시지. 내가 왜 살아 계신 하나님을 신뢰하지 못했나!" 하며 하나님을 바라보았습니다. (박영재 설교)

이 예화가 더 잘 전달된다. 청중의 감정에 호소할 수 있는 요소들이 삽입되었기 때문이다. 즉 "아이고! 아이고!", "방성대곡을 했습니다.", "루터는 깜짝 놀라…", "그때 부인이", "루터가 '아니, 하나님이 죽으셨다니?' 하고 의아해하자" 등은 감정에 호소하는 용어들이다. 전자의 예화는 설교자가 임의로 해석하면서 설명했지만, 후자는 대화체를 사용함으로써 예화의 흐름이 더 자연스럽고 마치 그림을 보여주는 것처럼 묘사되어 전달되고 있다.

그러므로 효과적으로 예화를 사용하려면 감정 상황을 있는 그대로 표현하라. 또 청중이 한 편의 영화 장면을 보는 것처럼 묘사하라. 그러면 쉽게 감정에 와닿는 예화가 될 것이다.

7. 예화 속에 들어가기 위해 시간을 낭비하지 말라.

"여러분, 제가 재미있는 얘기를 해드리겠습니다." 혹은 "예화를 말씀 드리겠습니다." 등의 말을 하지 말라. 불필요하다. 이런 말 없이 예화를 시작해도 청중들은 "아하, 설교자가 예화를 시작하는구나." 하는 감각을 갖는다.

8. 예화 내용이 설교의 요점을 기억하게 만들라.

예화 내용은 훌륭한데 그 예화를 설교의 주제에 연결시키지 못하는 경우가 있다. 예화가 설교에 공헌하게 만들려면, 예화에서 주고자 하는 핵심 교훈을 설교 주제에 잘 맞도록 날카롭고도 정확하게 끄집어내는 설명이 뒤따라야 한다. 앞서 소개한 예를 다른 각도에서 살펴보자.

■ A

어느 날 크게 낙심해 있는 마틴 루터가 피곤에 지쳐 있을 때였습니다. 남편의 낙심한 모습을 본 루터의 부인은 검은 상복을 입고 루터 앞에 나타나, "아이고! 아이고!" 하며 방성대곡을 했습니다. 그 모습을 본 루터는 깜짝 놀라 누가 죽었느냐고 물었습니다. 그때 부인이 "하나님이 돌아가셨습니다." 하고 대답했습니다. 그 말을 들은 루터가 "아니, 하나님이 죽으셨다니?" 하자, 부인이 "하나님이 돌아가시지 않았다면 당신이 왜 그리 실망합니까?" 하고 물었습니다. 그 순간 루터는 자신이 침체에 빠져 있었던 사실에 깜짝 놀라며 자신을 되돌아보았습니다. "그렇지! 하나님은 살아 계시지. 내가 왜 살아 계신 하나님을 신뢰하지 못했나!" 하며 정신을 가다듬고 하나님을 바라보았습니다.

여기까지가 예화이다. 이제 이 예화와 연관된 설명이 필요하다. 어떤 설명이 필요한가? 그것은 그 예화에서 주고자 하는 핵심 아이디어를 끄집어내는 설명이다. 이를 위해서 설교자는 아래와 같이 말할 수 있다.

■ B

"우리가 때때로 실망의 늪에 깊숙이 빠지다 보면 우리를 도우시는 하나님이 계시다는 것조차 잊어버릴 때가 있습니다. 그러나 아무리 깊은 실망의 늪에 빠진다 하더라도 그곳에서 우리를 건져내시는 하나님이 우리 옆에 항상 계심을 기억해야 합니다."

자, 이것은 예화가 주는 핵심적인 교훈을 끄집어낸 것이다. 이것을 적용에 연계시켜 보면, 다음과 같이 전개할 수 있다.

■ C

"사랑하는 성도 여러분, 우리의 삶속에 불안한 일이 닥치거나, 슬픈 일이 닥쳤을 때, 또는 내 힘으로 감당할 수 없는 일을 만났을 때 우리 옆에 늘 함께하시는 주님을 의식하시기 바랍니다. 뿐만 아니라 우리와 함께하시는 그 하나님이 우리를 도우시는 분임을 신뢰하며 그분께 모든 것을 맡기시기 바랍니다."

결국 예화와 적용 사이에 예화의 핵심을 뽑아내는 설명이 들어감으로써 설교가 더 매끄럽게 되었다. 동시에 이러한 설명의 삽입은

전달할 내용이 무엇인지 청중에게 확실히 각인시키는 역할을 했던 것이다.

9. 예화에 대해서 흥분하라. 설교자가 흥분해서 말할 때 청중도 실감하게 된다.

위에서 소개한 마틴 루터의 예화를 설교자가 어떤 마음으로 설명해야 하는가? 설교자는 루터의 아내가 침체된 남편을 바라보며 안타까워하는 심정으로 말했으리란 상상을 할 수 있어야 하고, 그와 같은 감정이 전달되도록 설명해야 한다. 그래야만 감정 전달이 잘 된다. 그리고 루터가 새로이 깨닫게 된 심정을 절실하게 만들려면 설교자 역시 나름대로 감정을 넣어서 표현해야 한다.

고난 가운데서도 믿음으로 승리한 어떤 주인공의 예를 든다고 가정해보자. 이 경우 설교자가 고난 가운데 있는 주인공의 상황을 묘사할 때는 착 가라앉은 심정으로 표현할 수 있어야 한다. 우울한 내용에 분위기를 맞추어야 하기 때문이다. 그러나 승리하는 모습을 표현할 때는 설교자 역시 흥분된 듯한 표현을 나타내야 한다. 이 또한 승리의 분위기에 맞추어야 하기 때문이다. 결국 예화 설명도 설교자가 어떻게 감정을 표현하는가에 따라 성공적인 전달 여부가 가려진다. 예화뿐만 아니라 설교 전체의 줄거리를 표현할 때에도 마찬가지다.

10. 예화의 주인공과 청중 자신을 동일시하게 만들라.

예화를 듣는 동안 청중들이 "그래, 맞아. 저 예화의 주인공이 바로 나야!" 하게 만들어라. 특히 예화의 내용이 긍정적일 때 청중들은 그 예화의 주인공과 똑같아지고 싶은 동일시 현상을 일으키게 된다(동일시 현상에 대한 더 자세한 내용은 「설교자가 꼭 명심할 9가지 설득의 법칙」의 58-66페이지를 참조하라).

11. 일반적인 설명을 하기보다는 구체적으로 설명하라.

즉 그림을 그리듯이 설명하라. 글을 쓸 때에도 내 글을 얼마나 시각적으로 잘 묘사하고 있는지 고려해보아야 한다. 딱딱한 논문을 생각해보라. 그리고 그림언어가 잔뜩 들어간 할아버지의 옛날 이야기를 생각해보라. 어느 것이 더 이해하기 쉽고 재미있고 감동적인가? 결국 우리의 언어는 시각적 언어가 되어야 한다. 시각적 언어에 대한 자세한 내용은 나의 책 「설교자가 꼭 명심할 9가지 설득의 법칙」을 참조하라.

12. 사물보다는 사람에 대한 예화를 사용하라.

예화 사용에 있어서 사물보다는 사람에 대한 예화가 왜 더 뛰어난지에 대한 설명도 「설교자가 꼭 명심할 9가지 설득의 법칙」을 참조하라.

13. 이미지보다는 이야기로 설명하는 것이 더 효과적이다.

이미지 언어는 화법(직유, 은유, 유사 등)의 표현을 말한다. 그림언어를 위해서는 화법 사용이 필수적이다. 그러나 그보다 더 뛰어난 효과를 가져오는 것은 이야기이다. 결국 이야기가 담긴 예화는 이미지를 전달하는 데 지식 전달의 언어와는 비교도 할 수 없을 만큼 강력하다. 화법 사용과 더불어 구성이 담긴 이야기식 예화는 청중을 이해시키고 설득시키는 데 뛰어나다.

구약신학자 월터 브루그만(Walter Bruggemann)은 이미지 언어를 위한 화법과 이야기 사용에 대해 이렇게 말했다.

> 우리 인생에서 가장 깊은 곳, 즉 무엇을 거절하고 무엇을 끌어안을지를 결정하는 그곳은 지식만 가르쳐서는 닿을 수 없는 곳이다. 오직 세계를 이렇게 저렇게 그려주는 이야기와 이미지, 은유가 우리가 가진 두려움이나 상처에 영향받지 않고 작용될 때 닿는 곳이 바로 그곳이다(Walter Bruggemann, Finally Comes the Poet : Daring Speech for Proclamation, Minneapolis, Fortress, p. 84).

워렌 위어스비도 이에 전적으로 동감하고 있다. 그는 "예수님께서 왜 그렇게 자주 '하나님의 나라는 이와 같으니…' 하며 이야기 형식을 빌어 말씀하셨는지 이해될 것이다. 그리고 예수님께서 그런 식으로 하나님의 말씀을 선포하셨을 때 왜 사람들이 그토록 즐겁게 듣고 삶을 변화시켰는지 알 수 있다."고 하였다(워렌 위어스비,「상상이 담긴 설교」, p. 91).

그러므로 설교 속에서 적절한 위치에 적절한 화법으로 적절한 이야기식 예화를 사용하라.

14. 감정과 논리로 동시에 호소하라.

이에 대한 상세한 설명은「설교자가 꼭 명심할 9가지 설득의 법칙」에 있다.

15. 말하기보다는 보여주라.

이에 대한 상세한 설명도 역시「설교자가 꼭 명심할 9가지 설득의 법칙」에 있다.

16. 예화 사용은 점진성을 띠어야 한다.

즉 내용이 전진하는 듯한 속도감이 있어야 한다는 뜻이다. 제자리에 머무르는 설교는 청중을 지루하게 할 뿐이다.

예화를 정확히 사용하라

설교의 주제와 일치되는 예화가 효과적인 전달을 만든다

예화를 정확히 사용하지 못한 설교의 예들

1. 주제에 정확히 들어맞지 않는 예화는 설교의 효과를 떨어트린다. 설교 사역 초기에 나는 예화 사용의 정확성을 인식하지 못했다. 어떤 경우에는 훌륭한 예화를 사용했는데도 불구하고 설교의 효과가 나타나지 않기도 했다. 그런데 그 당시에는 무엇이 문제였는지 전혀 알지 못했다. 그러나 지금은 그 문제를 안다. 그리고 이제 예화를 사용하는 데 실수하지 않으려고 노력한다. 많은 설교자들이 이 부분에서 종종 실수하는 것을 본다. 예화를 사용하는 정확한 방

법을 모르기 때문이라고 생각한다. 자, 이제 예화 사용의 문제점들을 하나하나 살펴보자.

모 목사가 빌립보서 1장 3-9절을 본문으로 '기쁨을 누리는 비결'이란 제목으로 설교하면서 다음과 같은 세 가지 개요를 만들었다. 첫째, 시작하게 하신 하나님이 우리를 끝까지 책임지신다는 것을 확신할 때, 둘째, 범사에 긍정적인 삶의 태도를 지닐 때, 셋째, 이웃에 대해 사랑을 베풀 때 기쁨을 누리며 살 수 있다고 하였다. 그리고 첫째 개요인 "시작하게 하신 하나님이 우리를 끝까지 책임지신다는 것을 확신할 때 고난 가운데서도 기쁨을 누릴 수 있다."는 것을 내용으로 한 설교를 소개하고자 한다. 본문 6절을 읽으면서 그는 다음과 같이 말하였다.

> 본문 6절에 "너희 속에 착한 일을 시작하신 이가 그리스도 예수의 날까지 이루실 줄을 우리가 확신하노라"고 했습니다. … 우리가 고난중에서도 우리 속에 선한 일을 시작하신 그리스도가 계심을 기억한다면 우리는 기쁨을 누릴 수 있습니다. …
> 검은 대륙 아프리카의 위대한 선교사 데이빗 리빙스턴은 말년에 옥스퍼드 대학에서 명예박사 학위를 받게 되었습니다. 학위 수여식에 앞선 예배 시간에 리빙스턴은 학생들 앞에서 자신의 경험담을 얘기하고 있었습니다. 무덥고 짜증나는 한낮과 춥고 소름끼치는 그 많은 밤 동안 자신과의 싸움을 계속했노라는 리빙스턴의 말에 많은 학생들이 고개를 끄덕이고 있었습니다. 그리고 그는 또 말하기를 온갖 짐승의 공격과 인디언들의 방해로 당한 고통도 이만저만이 아니었다고 했습니다. 사실 그의 오른 팔은 사자의 공격으로 불구가 되어 있었습니다.
> 연설을 마치자, 한 학생이 손을 들고 일어섰습니다. "선생님! 선생님으로 하여금 아프리카 생활을 잘 이겨내도록 한 비결이 있었다면 무엇이었습니까?" 리빙스턴은 잠시 생각에 잠기더니 입을 열었습니다. "내

게 비결은 아무것도 없었습니다. 그저 '내가 세상 끝날까지 너희와 항상 함께 있으리라' 하신 예수님의 말씀과 그분의 십자가가 나를 끝까지 붙들어주었을 뿐입니다."

성도 여러분, 리빙스턴이 아프리카 선교를 위험중에서도 끝까지 잘 감당할 수 있었던 것은 하나님의 보호를 확신했기 때문입니다. 저와 여러분이 행여 어려움을 겪을지라도 이런 확신과 믿음을 소유하시는 성도들이 되시길 축원합니다.(모 목사)

위의 예는 무엇이 문제인가? 설교의 주제는 "선한 일을 시작하신 그리스도가 끝까지 책임지실 것임을 확신할 때 성도는 고난 속에서도 기쁨을 누릴 수 있다."는 내용이 아닌가? 그런데 예화 사용의 핵심은 무엇인가? 여기서 예화의 주제는 "신자는 고난 속에서도 하나님의 보호를 확신할 때 멈추지 않고 계속 일한다."는 쪽으로 귀결되었다. 도입 부분에서는 예화의 주제가 설교의 주제를 뒷받침하는 듯했으나 결론에 가서는 다른 주제로, 즉 곁길로 가버렸다. 결국 예화가 설교의 주제를 드러내는 데 오히려 혼동을 불러일으켰다. 예화의 그릇된 사용이 초래한 결과다. 개요의 핵심 내용과 예화의 핵심 내용이 서로 다를 때 설교는 효과적으로 전달되지 않는다.

위와 같은 예화 사용을 아래와 같이 바꾸면 바람직하다.

검은 대륙 아프리카의 위대한 선교사 리빙스턴은 말년에 옥스퍼드 대학에서 명예박사 학위를 받게 되었습니다. 학위 수여식에 앞선 예배 시간에 리빙스턴은 학생들 앞에서 자신의 경험담을 얘기하고 있었습니다. 무덥고 짜증나는 한낮과 또 춥고 소름끼치는 그 많은 밤 동안 자신과의 싸움을 계속했노라는 리빙스턴의 말에 학생들이 고개를 끄덕였습니다. 그리고 그는 또 말하기를 온갖 짐승의 공격과 인디언들의 방해로

당한 고통도 이만저만이 아니었다고 했습니다. 사실 그의 오른 팔은 사자의 공격으로 불구가 되어 있었습니다. 연설을 마치자, 한 학생이 손을 들고 일어섰습니다. "선생님! 선생님으로 하여금 아프리카 생활을 기쁨으로 감당해내게 한 비결은 무엇이었습니까?" 리빙스턴은 잠시 생각에 잠기더니 입을 열었습니다. "내게 비결은 아무것도 없었습니다. 그저 '내가 세상 끝날까지 너희와 항상 함께 있으리라' 하신 예수님의 말씀을 붙들었을 때 고통이 끊이지 않는 일들 가운데서도 기쁨을 누리는 여유를 가질 수 있었습니다."

성도 여러분, 연속되는 고통 속에서도 리빙스턴이 아프리카 선교를 기쁨으로 감당해낸 것은 하나님이 그를 끝까지 책임지신다는 확신 때문이었습니다. 저와 여러분에게도 이런 확신과 믿음이 있다면 우리는 고난중에서도 기쁨을 잃지 않는 여유를 가질 수 있습니다.(박영재 설교)

이와 같은 예화 사용은 첫째 개요의 주제와 정확히 맞아떨어진다. 그러므로 개요의 핵심을 선명히 드러내게 만든다.

2. 예화의 핵심 내용을 정확히 파악하라.

예화의 핵심을 파악하지 못하고 마구 사용하다가 또 다른 주제를 끌어들이는 실수를 저지를 수가 있다. 다음의 예를 보자.

영국의 위대한 여왕인 빅토리아에게는 9남매의 자녀가 있었는데, 엘리스는 그 중 둘째딸이었습니다. 엘리스 공주에게는 무척이나 사랑하는 네 살바기 아들이 하나 있었습니다. 그런데 엘리스의 아들이 매우 무서운 전염병에 걸렸습니다. 그래서 아들은 엘리스 공주로부터 격리당하였고, 공주는 아들에게 가까이 갈 수가 없었습니다. 사랑하는 아들에 대한 염려로 공주는 매우 안타까웠고, 정말이지 견디기 힘들었습니다. 그렇지만 공주가 아들을 보러 가면 곧 무서운 전염병에 걸릴 것이고, 공주의 생명까지 위험해질 수가 있기 때문에 가까이 갈 수 없었습니다.
 하루는 엘리스 공주가 먼 구석에 숨어서 아들을 바라보고 있었습니다. 그때 아들이 간호사에게 힘없는 목소리로 이렇게 말하는 것을 들었습니다. "왜 우리 엄마는 이제 나에게 키스를 해주지 않지요?" 그 말은 엘리스 공주의 마음을 찢어놓고 말았습니다. 그 순간 엘리스 공주의 뺨에는 눈물이 흘렀고 곧 아들을 향해 달려가 있는 힘을 다하여 아들을 끌어안고는 뜨거운 키스를 퍼부었습니다. 결국 수주 후에 엘리스 공주 역시 아들과 함께 죽고 말았습니다. 주님의 사랑이 이와 같지 않습니까? 아니 이보다 더 크고 귀하지 않습니까? (윤영준, 「코끼리 남편」)

위와 같이 예화를 사용할 경우 무엇이 문제인가? 예수님의 사랑은 십자가 위에서의 희생적인 사랑, 즉 자신은 죽고 인간을 살린 사랑이었지만, 엘리스 공주는 아들과 함께 죽었다는 데 차이점이 있다. 그러므로 이 예화는 예수님의 대속적 사랑과는 어울리지 않는 예화이다. 정확한 예화 사용이 아니다. 결국 설교를 비효과적으로 만들었을 뿐이다.

3. 긴장이 담기지 않은 예화는 사용하지 말아야 한다.
즉 긴장이 담기지 않은 예화는 청중에게 지루한 감을 줄 뿐이다. 모 목사님이 리빙스턴의 예화를 아래와 같이 사용하였다.

■ **예화**
 여러분, 아프리카의 선교사로 평생을 살았던 리빙스턴을 기억하시지요? 그분은 평생을 짐승의 위협과 아프리카 원주민의 도전에도 불구하고 끝까지 선교사업을 잘 감당한 분입니다. 그분의 일생은 온전히 하나님께 쓰임받은 생애였습니다.

■ **적용**

우리도 이왕 태어났으니 나 자신을 위해서가 아니라 하나님을 위해 쓰임받는 그런 성도의 삶을 삽시다. 그런 삶이 진정으로 가치있는 인생 아닙니까? (모 목사)

위의 예화 사용의 문제점은 무엇인가? 예화의 내용에 긴장감이 흐르지 않는다는 것이다. 즉 얼마나 심각한 맹수의 위협을 받았는지, 얼마나 고통스런 원주민의 공격을 받았는지에 대해 청중의 감정을 짜릿하게 만들 만한 날카로운 표현이 없다는 것이다. 청중의 감정을 자극하는 예화가 되어야 한다. 얼마나 많은 예화들이 청중을 자극하는 감정적 표현 없이 밋밋하게 진행되는가.

특히 한 사람의 전체 생애를 길게 늘어놓는 이야기를 예화로 사용하는 설교자들이 많은데, 이는 가장 바람직하지 않은 예화 사용이다. 순간을 포착하여 짜릿하게 느끼게 하는 감동이 없기 때문이다.

4. 병렬식 예화 열거는 설교의 깊이를 나타내지 못한다.

즉 같은 예화를 두 번씩 사용하는 설교는 점진적인 접근의 효과를 이루지 못한다. 단지 시간만 낭비할 뿐이다. 만약 설교자가 아래와 같이 설교했다고 하자. 무엇이 문제인지 발견해보라.

술을 많이 마신 탓으로 위장에 이상이 생겨서 입원하게 된 성도를 방문했습니다. 평소 그분을 뵐 때마다 "성도님, 술이 몸에 해로우니 멀리하시지요." 하고 권했습니다만, 그분은 "목사님, 끄떡없습니다." 하며 언제나 저의 충고를 거절했습니다. 망가진 몸으로 누워 있는 그분에게, "성도님, 이번 기회에 술을 끊으시지요." 했더니, "목사님, 목사님의 말씀이 옳습니다. 이젠 술을 끊겠습니다. 그리고 이제부터 교회 생활을 열심히 하겠습니다."라고 말했습니다.

사람은 언제나 소중한 것을 잃어버리고 나서야 그것의 귀중성을 깨닫습니다. 안타까운 일입니다. 제가 잘 아는 사람 가운데 아내와의 관계가 별로 좋지 않던 한 남자가 있었습니다. 그는 아내에 대해서 늘 못마땅해했습니다. 이혼하면 자유를 누리고 편안할 것 같았습니다. 그래서 끈질기게 이혼을 요구하여 마침내 아내와 이혼을 하고 말았습니다. 그렇지만 이혼한 지 몇 개월이 지난 뒤에 그 남자는 "그래도 이혼하기 전이 좋았고 아내가 있을 때가 좋았다. 그때로 돌아갔으면…" 하고 후회했습니다.

사람들은 소중한 것을 잃어버리고서야 비로소 그것의 가치와 귀중함을 깨닫습니다. 사랑하는 성도 여러분!….

위의 예에서 무엇이 문제인가? "소중한 것을 잃어버린 뒤 그것의 귀중성을 깨닫는다."는 사실을 밝히는 설교인데, 안타깝게도 같은 의미의 예화를 두 번이나 사용하였다. 같은 내용을 두 번씩이나 설명하면 그것은 같은 사상을 병렬식으로 열거하는 것일 뿐이어서 청중에게 점진적인 자극을 주지 못한다. 단지 설교 시간만 낭비하며 청중을 지루하게 만들 뿐이다.

부흥회에서 긴 시간 동안 설교해야 할 부담감을 안고 있는 부흥강사들이 가끔은 이와 같은 시간 때우기식의 예화를 사용하는 경우를 본다. 즉 같은 내용의 예화를 쭉 열거한다. 나는 두 시간 동안 진행되는 부흥회 설교를 들을 때마다, "저 내용을 30분 분량으로 단축한다면 얼마나 좋을까?" 하는 생각을 하곤 한다. 왜냐하면 엿가락처럼 길게 늘어진 설교를 함축해서 전하면 청중이 덜 지루해하고 이해도 더 잘할 수 있기 때문이다. 시간을 줄인다고 해서 설교의 효과가 감소되는 것이 절대로 아니다. 그러므로 같은 내용의 예화를 두 개 이상 사용하지 말라. 단지 하나만 사용하라. 그리고 빠른 템포로 다음 단계로 넘어가야 한다. 성도들은 빠른 템포의 설교를 좋아하기 때문이다.

그러면 위와 같이 중복된 예화를 사용하지 않고 하나만 사용하여 빠른 템포로 진행하는 설교를 어떻게 만드는가? '밟고 올라서라' 의 개념에서 이미 활용되었던 예를 이제 '빠른 템포로' 의 개념 속에서 살펴보자.

■ A단계

미국에서 목회할 때입니다. 술을 많이 마신 탓으로 위장에 이상이 생겨 입원하게 된 성도를 방문한 적이 있습니다. 평소 제가 그분을 볼 때마다 "성도님, 술이 몸에 해로우니 멀리하시지요."라고 권하곤 했습니다만, 그분은 "목사님, 끄떡없습니다." 하며 언제나 저의 충고를 거절했습니다. 망가진 몸으로 누워 있는 그분에게, "성도님, 이번 기회에 술을 끊으시지요." 했더니, 하는 말이 "목사님, 목사님의 말씀이 옳습니다. 이젠 술을 끊겠습니다." 하고 진지하게 대답했습니다.

■ B단계

사람은 언제 깨닫습니까? 소중한 것을 잃어버리고 나서야 그 귀중성을 깨닫습니다. 건강을 잃고 나서 건강의 귀중성을 깨닫고 가족을 잃고 나서 가족의 소중함을 압니다. 못마땅히 여기던 직장이지만 떠나고 난 후 그래도 그 직장이 생각납니다. 불만스런 교회를 떠났지만 지나고 보면 그래도 그 교회가 좋은 교회였음을 깨닫습니다. 이처럼 당하고 나서야 깨닫는 사람이 있습니다. 안타깝지요. 그러나 당하고 나서도 여전히 깨닫지 못하는 사람도 있습니다. 더욱 안타까운 사람입니다.

지혜로운 사람은 당하고 나서도 깨닫지 못하는 사람이 아닙니다. 당하고 나서 깨닫는 사람도 아닙니다. 당하기 전에, 일을 그르치기 전에 미리미리 불행의 원인을 막는 사람입니다. 지혜로운 사람은 건강에 이상이 오기 전에 미리 대비하는 사람이며 가정에 위기가 닥치기 전에 미리 손을 쓰는 사람입니다. 지혜로운 성도는 교회생활에서의 불만이 더 커지기 전에 감사로 바꾸려는 의지를 지닌 사람입니다.

■ C단계

그러면 어떻게 해야 귀중한 것을 잃지 않고 재난을 미리 막을 수 있을까요? 어떻게 해야 지혜로운 삶을 살 수 있을까요?… (박영재 설교)

위의 예는 빠른 템포로 느껴진다. 내용 전개가 제자리에 머물러 있지 않기 때문이다. 예화를 소개한 직후 일반적인 적용에서부터 행동을 요구하는 적용으로 빠르게 움직여가고 있다. 즉 A단계에서 B단계, C단계에 이르기까지의 전개 흐름에서 적용의 범위가 다양하고 단계적인 자극이 이루어지기 때문에 성도들이 신선하게 느낀다.

자, 그러면 하나의 예화만을 사용하면서 빠른 템포로 전개되는 또 다른 예를 보자.

…그리고 보면, 우리가 마음을 높은 곳에 둘 때, 즉 교만한 가운데 있을 때는 하나님께서 찾아오시지 않습니다. 아니 찾아오시는 하나님의 음성이 들리지 않습니다. 마음을 낮은 곳에 두어야 하나님의 음성이 제대로 들리는 법입니다.

저는 미국에 있는 동안 여러 설교들을 연구할 기회가 있었습니다. 바쁘게 연구하는 가운데 이 설교 저 설교를 비교하며 읽어보곤 했습니다. 그러나 어느 것 하나도 마음에 드는 것이 없었습니다. 실망한 채 설교 읽는 것을 중단했습니다. 어느 날, 몸이 아파서 며칠 드러눕게 되자 하나님 말씀이 그리워졌습니다. 큰아들에게 설교집을 가져오라고 해서 다시 그것을 읽기 시작했습니다. 열려진 마음으로 읽기를 시작하는데, 옛날에 읽었던 것들이 한 단어, 한 문장 새롭게 다가왔습니다. 전과는 달리, 그 모든 말씀이 우뢰와 같은 음성으로 들려왔습니다. 그때, 저는 제 마음이 얼마나 높은 곳에 있었는지를 절실히 깨달았습니다. 연약한 육체를 일으켜 무릎을 꿇고, "하나님, 그동안 자고하여 하나님의 말씀을 듣지 못했던 저의 어리석음을 용서하옵소서." 하고 회개했습니다.

언제 하나님의 음성이 선명하게 들립니까? 마음을 낮은 곳에 둘 때, 즉 겸손할 때 하나님의 음성이 선명히 들리는 법입니다. 사랑하는 성도 여러분, 그러므로 마음을 낮은 곳에 두십시오. 사업이 점점 더 잘 될수록, 지위가 점점 올라갈수록 오히려 더 자신을 낮추시길 바랍니다. 사람들이 자신을 더 인정해주고 더 많은 일을 맡게 될수록 하나님을 더

두려워하며 의지하십시오. 그리고 그 상황 속에서 우리를 인도하시려는 하나님의 세미한 음성을 들을 수 있는 열린 마음을 가지십시오. …
(박영재 설교)

자, 위의 예문도 지루하지 않다. 내용 전개(movement)가 빨리 움직이고 있기 때문이다. 본문 설명에 이어 예화와 적용, 이 삼박자가 목표를 향해 빠르게 움직인다. 결국 청중을 사로잡으며 흥미있게 만드는 설교인 것이다.

예화를 정확히 사용하는 방법들

1. 본문 설명과 예화, 그리고 적용이 설교의 주제에 일치하게 하라.
2. 병렬식 예화 사용을 금하라.
3. 긴장이 담긴 예화를 사용하라.
4. 예화의 위치 선정을 정확히하라.

예화를 건전하게 사용하기 위한 7가지 질문
(웨인 하비, 「설교예화를 건전하게 유지하기 위한 7가지 질문」)

첫째, 다른 사람의 경험을 나의 경험이라고 거짓으로 소개하지는 않는가?
둘째, 예화를 사용하는 중에 '전에 있던 교회의 성도'라는 표현을 사용하는가?
셋째, 이 예화가 과연 정확한지를 확인해볼 필요가 있지 않은가?
넷째, 이 예화가 성도들의 감정을 상하게 하지는 않을까?
다섯째, 이 예화가 이 성도들에게 적절한 예화인가?
여섯째, 이 예화가 혹 지나치게 상세한 것은 아닌가?
일곱째, 나는 실화와 상상을 확실하게 구별하고 있는가?

15 하나님을 경험하게 만들라

하나님이 드러나는 설교는 청중이 복음의 핵심을 접하게 한다

설교는 청중들로 하여금 하나님을 만나게 하는 것이다. 하나님의 사랑과 자비가 얼마나 크고 감동적인지를 청중들이 설교 속에서 체험하도록 해야 한다. 인간의 허물과 죄성을 해결하기 위해 하나님이 어떤 일을 하셨는지 깨닫게 해야 한다. 이를 위해서는 우리의 설교가 청중이 하나님을 직접 만나고 하나님의 은혜를 만끽하게 하는 하나님 중심 또는 예수님 중심의 설교이어야 한다. 특히 설교 속에서 청중들이 항상 하나님의 속성을 직접 경험케 해야 한다.

설교가 왜 하나님 중심이어야 하는가?

언젠가 어느 교회의 예배에 우연히 참석하게 되었다. 그 예배에서의 목사의 설교는 신실한 삶을 강조하는 꽤 윤리적인 설교였다. 그의 설교의 결론은 "진실한 사람이 되자."였다. 내용이 신실하고 도전적이었음에도 불구하고 그는 결정적인 취약점을 드러냈다. 그것은 '진실한 삶을 강조' 하였음에도 불구하고 그 진실을 하나님과 연계시키지 않았다는 것이다. 즉 윤리적인 차원만 강조하였을 뿐 하나님이 진실하시다, 혹은 예수님이 진실하시다 하는 내용을 매우 가볍게 취급했다. 동시에 하나님께로부터 진실함을 배워야 한다고도 말하지 않았다.

진실할 수 있는 힘은 하나님께로부터 온다는 등의 말을 하지 않았다. 하나님이 빠진 '진실'에 대한 강조는 일반 강연에 불과할 뿐이다. 설교란 하나님 혹은 예수님 중심의 내용이어야 한다. 즉 하나님을 드러내거나 주님을 드러내는 설교이어야 하며, 그 설교 속에서 주님을 경험하는 기회를 갖게 해야 한다. 그렇게 해야 설교로서의 진정한 가치가 있다.

또 다른 예를 들어보자. "다윗의 신앙은 겸손하였다."라는 주제로 설교를 하면서 다윗의 겸손한 모습만을 강조했다고 한다면, 이는 설교가 아니라 한 인물에 대한 신앙강연일 뿐이다. 그런데 만약 다윗의 겸손한 신앙을 강조한다고 하더라도 그가 하나님 앞에서 어떤 겸손을 보였는지, 그리고 그가 하나님께로부터 어떻게 겸손하다고 인정받았는지에 대해서 언급한다면, 다시 말해서 다윗의 겸손 가운데 하나님이 개입하신 흔적이 있음을 언급한다면, 그것은 하나님을 드러낸 설교라고 말할 수 있다. 그러므로 우리는 사람의 신앙을 가르칠 것인가, 아니면 하나님의 은총을 경험하게 만드는 설교를 할 것인가를 늘 생각해야 한다.

성경은 하나님의 이야기이다. 물론 신앙에 얽힌 수많은 이야기가 나오고 숱한 나라들과 영웅들의 이야기도 나온다. 이러한 이야기들이 다양한 문학 형태, 즉, 시, 서사문, 서신, 지혜서 등의 다양한 문학의 종류 속에 잘 나타나 있다. 성경 속에는 신앙에 관련된 주제가 다양하고 그 표현도 가지각색이지만, 그런 가운데서도 일관되게 흐르는 것이 있다. 그것은 성경이 끊임없이 하나님에 대해 이야기하고 있다는 것이다. 세상을 창조한 하나님의 권능에 대해서, 인간을 사랑하고 용서하는 하나님의 자비에 대해서, 장차 다시 오실 하나님의 심판에 대해서, 그리고 하나님의 속성과 역사에 대해서 말하고 있다.

동시에 그러한 하나님 앞에서 인간은 어떤 모습으로 살아가야 하는가를 말하고 있으며, 하나님의 속성을 드러내기 위해 예수 그리스도가 하신 일이 무엇인가를 창세기부터 요한계시록까지 세세히 밝히고 있다. 그러므로, 우리의 설교는 오직 하나님을 드러내며 그 하나님 앞에서 죄인이었던 인간이 어떻게 살아가야 하는가를 밝혀주는 것이어야 한다. 이러한 설교의 흐름을 구속사적 설교라고도 한다. 정성구 교수는 구속사적 설교의 중요성에 대해 이렇게 강조한다.

> 한 분 하나님께서 우리 인생들을 죄 가운데서 구속하기 위해 메시아를 보내실 것을 약속하시고, 그 약속을 이루시기 위해 이스라엘 역사 속에 구체적으로 간섭하여주시고, 때가 되매 예수 그리스도께서 오셔

서 십자가에서 물과 피를 쏟아주심으로 말미암아 우리를 속량하여주시고, 다시 사망 가운데서 부활하셔서 우리의 구원을 완성시켜주신 이 엄청난 하나님의 구속의 대드라마가 '하나님의 말씀,' 즉 성경입니다.

만약 이 확신 위에 서지 아니할 것 같으면 성경 읽고 설교를 하는 것과 명심보감 읽고 설교를 하는 것이 무엇이 다르겠습니까? 성경 읽고 설교하는 것, 사서삼경 읽고 설교하는 것은 결국 "착한 일하면 복받는다, 사람은 서로 사랑해야 된다, 사람은 덕이 있어야 된다."는 똑같은 결론에 도달하지 않겠습니까? 다른 곳에도 이런 좋은 말은 많이 있습니다. 톨스토이 인생론도 읽어보면 바른말 투성이입니다.

그러나 성경은 명심보감 같은 게 아닙니다. 사서삼경 하고도 다른 것입니다. 이 성경은 살아계신 하나님의 말씀입니다. 이 말씀이 우리의 심령 속에 꽂혀질 때에 생명의 역사, 능력의 역사, 말씀의 역사가 일어나는 줄로 믿습니다. 그 이유는 무엇일까요? 이 말씀은 단순한 글자가 아니라, 하나님께서 우리를 구속하여주시기 위한 구체적인 구속의 역사를 담고 있기 때문입니다. (정성구,「주제설교와 강해 설교」)

결국 우리의 설교는 영혼 구원과 성숙에 초점을 맞춰야 한다. 예수님의 모습과 인격이 드러나야 하고 그가 하신 일이 드러나야 하며 우주의 중심이신 하나님의 속성이 드러나게 해야 한다. 결국 하나님 중심의 설교여야 한다.

하나님 중심으로 전개하지 못한 설교의 예들

나는 설교 초기 사역중에 여러 가지로 부족한 면이 적지 않았다. 그 가운데 하나가 구속사적인 개념이 분명하지 못했다는 것이다. 예컨대, '요셉이 성공적인 인생을 살 수 있었던 비결'을 제목으로 세 가지 주제를 설교했다. 첫째, 요셉은 겸손하였다. 둘째, 그는 진실하였다. 셋째, 그는 꿈을 포기하지 않았다. 가만히 살펴보면, 이 세 가지는 신앙이 없는 사람일지라도 누구든지 지닐 수 있는 덕목이었다. 또한 이를 소개한 설교 역시 하나님의 존재를 부각시키지 않더라도 들어볼 만한 가치가 있는 내용이었다.

그러나 가장 중요한 것이 빠졌다. 하나님의 현현을 드러내는 일에 결정적인 결여가 생긴 것이다. 즉 요셉의 겸손과 진실함이 하나님이 보시기에는 어떠했는지를 밝히지 못한 채 요셉의 겸손과 진실함을 본받자고만 강조했다. 또한 하나님을 두려워하는 신앙 속에서 그의 겸손과 진실함이 다듬어졌다는 사실과, 그 신앙 속에서 역사하시는 하나님의 역할을 드러내지 못했다. 게다가 그의 꿈은 자신의 노력이나 인내를 통해서 이뤄진 것이 아니라 하나님의 구속의 계획 가운데 이뤄졌음을 밝히는 데 미약했던 것이다.

우리가 성경 본문의 주인공을 다룰 때는 항상 하나님의 역할과 계획, 그리고 속성을 균형있게 다뤄야 한다. 그렇게 해야 바람직한 설교가 된다. 다윗의 경우를 더 살펴보자. 다윗은 그의 삶 가운데 정말 치욕적이고 씻기 어려운 큰 죄를 지었다. 그럼에도 그는 구약의 가장 위대한 인물로 우리 기억 속에 영원히 남아 있다. 그가 자신이 지은 죄에 대해 어떤 태도를 가졌기에 오히려 더 훌륭한 삶을 살 수 있었는가? 첫째, 그는 자신의 죄를 인정하였다. 둘째, 그는 철저히 죄를 회개하였다. 셋째, 그는 죄 용서를 확신했다. 그러나 이 세 가지 경우도 결국 다윗의 신앙 행동, 즉 죄를 지었을 때 어떤 자세를 가졌는가에 대한 방법론만을 제시했다. 이렇게 다윗이 행한 반응만을 설명했다면, 이것은 바람직한 설교가 되지 못한다.

이 설교의 나머지 반은 인간 다윗이 죄를 저질렀을 때 하나님이 어떤 반응을 보이셨는가에 대한 설명이 필요하다. 결국 죄인 다윗에 대한 하나님의 날카로운 분노, 회개했을 때 받아주시는 한없는 용서와 자비를 적나라하게 나타내야 한다. 하나님 편과 인간 편을 동시에 드러내려는 노력이 필요하다. 동시에 죄지은 현대인들에게 우리 주님은 어떤 은총과 용서를 베푸시는가에 대한 내용, 즉 십자가의 사건을 다뤄주는 것이다. 결국 다윗의 이야기를 말하고 있지만, 성도들이 십자가의 사건에 감격하게 만들어야 한다는 것이다. 이것이 하나님 중심, 예수님 중심의 설교이다.

예를 하나 더 살펴보자. '인생을 풍요롭게 사는 길'이란 제목으로 설교하고자 할 때, "첫째, 긍정적인 태도를 갖자. 둘째, 자신감을 갖자. 셋째, 이웃을 향해 사랑의 마음을 넓히자." 하는 내용으로 개요를 잡을 수 있다. 이때 설교자는 청중들을 향해서 긍정적인 태도를

갖는 방법론에 대해서 설명할 수 있고, 자신감을 갖고 이웃을 향해 사랑의 마음을 넓히자고 역설할 수 있다.

그러나 방법론만을 강조한다면 이 또한 하나님과 상관이 없어지게 된다. 그러므로 긍정적인 태도와 자신감을 갖는 것, 그리고 이웃을 향해 열려진 마음을 가져야 하는 이유나 방법 등이 신앙으로부터 나와야 한다. 즉 하나님 때문에 혹은 예수님 때문에 삶에 긍정적인 자세와 자신감을 갖고, 이웃을 향해 열려진 마음을 가져야 한다는 등의 사실에 동기를 유발시켜야 한다. 이 세 가지 내용을 언급하면서 하나님의 사랑과 은총, 자비 등을 깨닫고 경험할 수 있게 해야 한다.

결국 어떤 주제를 전하든지 간에 하나님(예수님) 중심의 설교가 되어야 한다. 모든 성도들에게 하나님이 인간에게 베푸신 은혜를 경험하게 하라. 동시에 우리 주 예수께서 성도들에게 베푸신 사랑과 희생, 그리고 그분의 인격을 직접 만날 수 있도록 하라. 성도들을 그분의 은혜 앞에 굴복하게 하라. 그 은혜를 체험하고서 결단을 내리게 하라.

하나님 중심의 설교를 만드는 방법들

하나님 중심의 아이디어를 전개하기 위해서 던져야 할 몇 가지 질문이 있다.

1. 본문 속에서 하나님의 역할 혹은 예수님의 역할은 무엇인가?
   즉 본문 속에서 하나님(예수님)은 인간에게 무엇을 행하셨는가?
2. 본문 속에서 드러내야 할 하나님의 속성 혹은 예수님의 속성은 무엇인가?
3. 하나님(예수님)의 행하심이 구속사적 차원에서 어떻게 설명되어져야 할 것인가?
4. 하나님(예수님)의 구속사적 사역에 대해 인간의 반응은 어떠했는가?
5. 인물 중심의 본문 이야기 속에서도 숨겨져 있는 하나님의 역할은 무엇인가?

감각있는 설교를 위해 커뮤니케이션의 7대 원리를 적극 활용하라
설교자 자신이 아닌 청중 중심으로 이해하고 전달해야 한다

설교자가 커뮤니케이션의 일반적 원리를 알면 성도들과 대화하는 데 도움이 될 뿐만 아니라 목회를 하는 모든 영역, 즉 회의 진행, 사람을 설득하는 일, 성도와의 심방, 대화 등에 효과적으로 대처할 수 있다. 특히 설교를 위해서도 많은 도움이 된다. 왜냐하면 설교자 중심이 아니라 청자의 입장에서 느끼고 생각하는 기회를 갖게 되기 때문이다. 이제 그 7대 원리를 살펴보자(이 7가지 원리는 Joseph A. DeVito의 「The Interpersonal Communication Book」, New York : Harper Collins, 1992)과 탐 내쉬의 책, 「마음을 사로잡는 커뮤니케이터」에서 발췌하였다).

상대를 향해 마음문을 활짝 열고 그를 깊이 이해하라

'97년 정초에 가장 매력적인 한국인의 남성상에 대해 소개한 기사가 모 일간지에 실린 적이 있는데, 나는 아직도 그 내용을 기억하고 있다. 이 기사는 가장 매력적인 남성을 '상대를 열린 마음으로 깊이 이해하는 사람'이라고 소개했다. 나는 이 사실에 퍽 깊이 감동했다. "그렇다. 목회자도 바로 이와 같은 사람이 되어야 한다."고 생각했다.

미국에 있을 때의 일이다. 속상한 일이 생겨 무척 괴로워하고 있던 때였다. 이때 다른 사람들은 형식적으로 혹은 인사치레로 위로를 하였다. 그러나 한 친구는 달랐다. 자신을 완전히 열고 나의 입장에서 이해해주었다. 나에겐 그 친구가 매우 고맙게 여겨졌을 뿐만 아니라 지금까지도 잊을 수 없는 사람이 되었다. 만약 우리 설교자들이 성도들을 이런 식으로 대한다면 그들과 훨씬 더 가까워질 수 있을 것이다.

사실 자신을 스스로 비판해볼 때 나는 이기적인 사람이었다. 단점을 노출시키려 하지 않고 다른 사람들에게 완벽해보이려고 노력했다. 그러나 이것이 얼마나 피곤한 일인가. 지금은 내 모습 그대로를 보이려 한다. 인간적인 면이 자연스럽게 드러나도록. 자연스런 인간미는 설교자로서의 또 다른 매력을 지니게 한다.

그러나 내게는 여전히 이기적인 모습이 남아 있다고 생각한다. 상대를 이해하는 데 소극적인 모습도 있다. 마음 씀씀이의 폭이 넓지 못할 때도 종종 있다. 그런 나 자신을 발견할 때마다 그 문제만을 들고 주님께 무릎을 꿇는다. 설교자가 좁은 마음을 가지고 청중들에게 넓은 가슴을 가지라고 역설하는 설교를 할 수는 없다. 그러므로 상대를 향해 적극적으로 마음을 열라. 그리고 그 상대를 깊숙이 이해하려고 노력하라. 상대방에게 설교자의 모습이 매력적으로 비쳐질 것이다.

　　　무이해 : (약속 시간에 늦은 상대에게) 약속 시간을 이렇게 어겨도
　　　　　　 되는 겁니까?
　　　이해 : 늦으신 걸 보니 무슨 까닭이 있으셨나 봅니다.

상대의 감정에서 느껴보라

　사람은 자기 중심의 삶을 산다. 무엇을 하든지 간에 자기를 우선시한다. 그러므로 상대의 감정에 대해서 무지하거나 무감각해지기 쉽다. 그러나 어떤 사건이 일어났을 때, 나의 입장 이전에 상대방은 어떻게 느끼는지를 먼저 생각해봐야 한다. 그러면 '그럴 수 있겠구나.'라고 이해하게 된다. 그리고 꽤나 다른 차원, 즉 그동안 발견하지 못했던 부분들을 알게 되고 느끼게 된다. 동시에 이는 사람을 알아가는 데 혹은 문제를 해결하는 데 플러스 요인으로 작용하게 될 것이다. 설교자는 바로 이런 폭넓은 감정이해를 위해 노력해야 한다. 그래야 상담이나 설교를 위한 청중 이해도 좀더 분명해지는 것이다.

객관적 입장에서 말하라

객관적 입장은 항상 상대에게 신뢰감을 갖게 해준다. 주관적인 입장은 가치가 적고 사람들의 호응도 낮다. 그러나 객관적인 입장에서 사물을 보고 평가하는 노력은 사람을 설득시키는 힘을 갖는다. 우리의 설교가 '예수쟁이의 설교', 즉 기성교회 성도들만 알아듣는 주관적 언어들의 모음이 되어서는 안된다. 불신자조차도 이해시키고 감동을 줄 수 있는 객관적 관점에서 출발해야 한다. 특히 서론에서의 출발이 그러해야 한다.

예를 들어보자. 어떤 신학생이 나에게 이렇게 말했다.

"목사님, 하나님께서는 제가 고등학교를 졸업할 때쯤 저를 주의 종으로 부르셨습니다. 그래서 신학교에 들어갈 예정이었지만, 세상의 유혹에 넘어가 십여 년 간 세상에서 삶을 보냈습니다. 그러던 어느 날 하나님이 저를 매로 치셨습니다. 그리고 동시에 저를 강력하게 다시 부르셔서 매를 맞고 난 뒤에야 다시 순종하여 신학교까지 오게 되었습니다."

자, 이 이야기에서 무엇을 느끼는가? 똑같은 내용을 아래와 같이 했다고 하자. 어느 것이 더 바람직한가를 보라.

"목사님, 저는 고등학교를 졸업할 때쯤 진로를 놓고 고민을 많이 했습니다. 나 자신을 위한 삶보다 이웃과 하나님을 위해 사는 것이 가장 보람된 삶이라고 생각했습니다. 곧바로 신학교를 가고 싶었으나 저 자신만의 삶에 대한 미련 때문에 취직을 했습니다. 한 10여 년 지나니까, 삶에 회의가 들면서 "이렇게 사는 것이 아닌데…" 하며 후회하는 마음이 생겼습니다. 고등학교를 졸업할 때 가졌던 신학교 진학의 꿈을 되새겨보았습니다. 그리고 늦깎이로 이곳까지 오게 되었습니다. 이제 남을 위해, 그리고 하나님을 위해 앞으로의 삶을 살게 될 것이라고 생각하니 얼마나 가슴이 뿌듯한지요. 이곳까지 오게 된 것 자체가 하나님의 인도하심이었습니다."

전자의 예는 우리가 흔히 들을 수 있는 간증의 내용이다. 당사자와 하나님과의 관계 속에서 일어났던 일들을 당사자의 관점에서 표현한 것이다. 결국 이러한 표현은 지나치게 주관적이다. 나는 신학 교수로서 그의 간증을 충분히 이해할 수 있었지만, 불신자나 초신자는 그 간증을 이해하기 힘들 수도 있다. 주관적인 관점의 표현은 상대를 이해시키기 어렵다. 사람들은 객관성에 기초한 내용에 더 신빙성을 두기 때문이다. 결국 설득의 힘이 약할 수밖에 없는 것이다.

그러나 후자는 객관성이 물씬 풍기는 표현이다. 기신자나 초신자, 불신자까지도 이해할 수 있는 표현이다. 객관적인 입장에서 자신의 삶을 표현하려 했고, 이것이 듣는 이들에게 공정성을 인정하고 신뢰성을 갖게 한다. 비록 하나님과의 관계를 주관적인 견지에서 확신하고 있다 할지라도 전달을 위한 표현은 객관성을 띠어야 한다. 청중의 호응도를 높이기 위해서다. 객관적 표현을 통해 충분히 설득했다고 판단될 때 주관적 표현을 덧붙여도 상관없을 것이다. 이미 설득되었으니까. 그러므로 설교에서나 대화 속에서도 언제나 객관성을 띠려고 노력하라.

긍정적 표현의 위대성을 알고 행하라

긍정적 표현은 사람에게 긍정적인 영향을 미친다. 부정적 표현은 청중을 설득하기가 쉽지 않다. 사회가 현대인들을 긍정적인 자세로 살아가도록 만들지 않는다. 목사는 사람들을 선한 길로 인도해야 할 위치에 있다. 이런 위치에 걸맞게 설교자는 사람을 대할 때 항상 긍정적이고 낙천적인 모습으로 대해야 한다.

부정 : 저는 제목설교를 싫어합니다.
긍정 : 저는 제목설교보다 강해설교를 선호합니다.

부정 : 하나님은 육신적 삶을 사는 성도를 싫어하십니다.
긍정 : 하나님은 육신적인 삶보다 영적인 삶을 사는 성도를 귀히
      여기십니다.

자신감을 표현하라

사람들을 처음 만나게 되면 상대방이 말을 걸기 전까지는 아무 말도 먼저 건네지 않는 사람이 있다. 이것은 전도의 사명을 가진 목사로서는 바람직하지 않은 소극적인 태도이다. 또 어떤 목사는 상대방이 무언가에 열중해서 일하고 있는데도 막무가내로 대화를 시도한다. 이것은 지혜롭지 못한 접근방법이다. 왜냐하면 상대방은 목사가 자신의 일을 방해했다고 불쾌하게 여길 수 있으며, 이는 곧 목사에 대한 미움으로 번질 수 있기 때문이다.

나는 아내나 자녀들에게 중요한 말을 하고자 할 때, 지나가는 말투로 하거나 아무 때나 말하지 않는다. 나의 말을 심각하게 받아들일 수 있는 분위기를 조성한 뒤 대화를 시도한다. 이러한 시도는 매우 효과가 크다. 전도할 때도 마찬가지다. 복음을 들을 준비가 되어 있는가를 살핀 후에 말을 건네는 것이 좋다. 그런데 문제는 대화를 위한 때와 장소도 중요하지만 대화를 시도하는 사람의 담대한 태도, 즉 자신감의 표현이 대단히 중요하다는 것이다.

미국에서 공부하며 목회하는 동안 전도를 열심히 했던 기억이 난다. 전도하려는 마음속에는 항상 자신감이 넘쳐 흐르고 있었다. 생명을 얻는 기회를 갖게 한다는 확신 때문이었다. 그리고 하나님이 나와 함께하시고 나를 도우시고 있다는 믿음 때문이었다. 그렇다고 해서 상대방이 거부감을 가질 만큼 저돌적으로 행동하지는 않았다. 그 상대방의 기분과 영적·지적 수준에 맞게 복음을 전했다. 복음을 전혀 모르는 사람에게는 그가 경험하고 있는 삶의 세계와 연계시키며 차근차근 복음을 소개했다. 복음에 대한 거부감이 심한 사람에게는 그의 생각을 최대한 이해하고 받아주려는 태도에서 출발하여 복음으로 접근해나갔다. 그리고는 서서히 복음을 변명해나갔다.

또 교회생활에서 실족해 있는 사람에게는 그들의 불만이나 문제제기를 들어주는 데서부터 시작해나갔다. 복음에 대한 의심 때문에 교회에 갈까 말까 망설이는 사람에게는 확신을 심어주려 했다. 한 가지 공통점은 누굴 대하든지 간에 부드럽고 자연스럽게, 너무 빠르지도 너무 느리지도 않게 나름대로의 페이스를 유지하며 접근했다는 것이다.

그 당시 나는 자신감이 마음속으로부터 넘쳐나고 있었다. 그러나 자신감이 넘치는 모습을 내보이지는 않았다. 상대에게 거부감을 줄 수 있기 때문이다. 자신을 먼저 소개하거나 대화를 먼저 시도하는 것, 혹은 상대방이 대화에 참여하도록 유도하는 것 등에서 자신감

3장 전달과 소통을 가로막는 방법상의 요인들 · 237

이 이미 나타난다. 매사에 자신감을 가짐으로써 상대방이 호감을 갖게 하라. 자신감의 표현은 상대방이 확신을 갖도록 돕는 역할을 한다. 그러나 자신감이 자만함으로 나타나지 않도록 조심하라. 설교에서는 더더욱 필요하다.

친밀함을 나타내라

상대방에게 집중하면서 대화를 시도하라. 이는 전도나 상담하는 일에서 상대방에게 호감을 불러일으키게 한다. 친밀한 언어나 몸짓, 태도는 상대방의 마음을 금방 녹일 수 있다. 따스한 마음으로 친밀함을 나타내는 태도가 중요하다.

상호작용을 조절하라

대화에서 한 쪽만 너무 많은 말을 하지 않도록 조심해야 한다. 상대방만이 너무 많은 말을 하거나 목회자만이 너무 많은 말을 해서는 안 된다. 쌍방간에 균형을 이루도록 하라. 이런 관점에서 설교도 일방적으로 전달하려고 하지 말고 대화하듯 접근하는 것이 좋다. 결국 질문을 적절히 던짐으로써 상호작용을 조절하는 분위기를 연출할 수 있는 것이다.

17 설교감각을 키우기 위해 5단계 기초 커뮤니케이션 이론에 익숙해지라
결단에 이르게 하려면 의식 변화의 흐름을 잘 파악해야 한다

우리 설교의 목적은 청중들이 설교를 듣고 그 선포된 말씀 앞에 굴복케 하는 데 있다. 즉 하나님의 음성을 듣고 자신들의 죄와 어리석음을 깨닫고 거룩한 하나님 앞에서 새로운 삶을 살기로 결단케 하는 데 있다. 청중들이 이러한 결단을 하려면 우선 보이지 않는 내적 변화, 즉 의식의 변화가 일어나야 가능하다. 그런데 의식의 변화는 무엇에 영향을 받아야 일어나는 것인지, 그리고 그 의식의 변화가 어디서부터 시작되어 어떤 과정을 통해 진행되는지를 알면 설교자들은 설교 준비에 좀더 실제적이고 구체적으로 임할 수 있다.

그러면 생각해보자. 성도들이 설교를 듣고 자신들의 의식을 어떻

게 변화시키는가? 설교를 통해 성도들의 태도와 행동이 어떻게 변화되는지를 살펴보자. 이에 대한 답변으로서 윌리암 맥과이어(William McGuire)가 자신의 책 「태도의 본성과 변화」(The Nature of Attitudes and Attitude Change)에서 밝힌 커뮤니케이션 모델의 5단계를 보자.

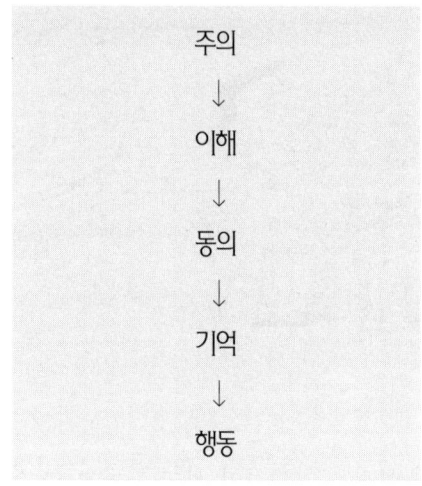

첫째, 주의를 끄는 데 관심을 가지라.

청중들의 삶에 변화를 주기 위한 최초의 작업은 청중의 주의를 집중시킴으로써 일어난다. 설교자는 청중의 주의를 사로잡아야 한다. 만약 설교자의 말에 청중이 주의를 기울이지 않으면 그들에게는 아무런 역사가 일어나지 않는다. 듣지를 않는데 어떻게 변화될 수 있단 말인가? 오랜 신앙생활을 해왔어도 삶이 변화되지 않는 성도들을 가끔 만날 것이다. 그들의 공통점 가운데 하나는 그들이 설교를 듣지 않는다는 것이다.

나는 얼마전 어느 교회의 한 성도에게서 이런 하소연을 들은 적이 있다. "목사님, 저는 설교가 시작되기만 하면 딴 생각에 사로잡혀요. 설교를 듣고 싶은 마음이 없어요." 얼마나 놀라운 일인가? 우리 주변에 이런 성도들이 어디 한 사람뿐이겠는가? 교회마다 이런 이들이 적지 않을 것이다. 설교자는 설교할 때 '내가 어떻게 하면 청중의 관심을 단숨에 집중시킬 수 있을까?' 하는 것을 늘 생각해야 한다.

커뮤니케이션 이론에서는 위험을 알린다든지 이름을 부르는 일, 또는 배경의 갑작스런 변화(더 밝게, 더 어둡게, 크게, 부드럽게) 등을 통해 청중의 집중을 끌어들일 수 있다고 말한다. 그러나 설교에서는 이런 식의 직접적인 제스처를 통해 청중들의 관심을 끌 수는 없다. 다만 설교의 서두에서 깜짝 놀랄 만한 소식을 전한다든지, 청중이 관심있어 하는 부분을 언급한다든지 하는 등의 내용으로 청중들의 관심을 끌어들이려 시도해볼 수 있다.

한국 설교자들의 설교를 분석해보면, 상당수의 설교자들이 서론을 무시하고 있다. 즉 청중의 주의를 끌려는 노력이 보이지 않는다. 이것은 청중에게 설교를 듣지 말라는 것과 같다. TV채널 선택을 놓고 머뭇거리는 데 사람들은 3초 이상을 소모하지 않는다. 재미없으면 즉각 다른 채널로 바꾼다. 손가락이 상당히 빠르게 움직인다. 이처럼 청중은 어떤 채널을 계속 볼 것인가를 처음 몇초 만에 결정내린다. 설교가 시작된 후 30초 안에 청중의 주의를 끌지 않으면 그들은 설교에 흥미를 잃는다. 그리고 딴 생각에 잠긴다. 결국 실패한 설교가 되고 마는 것이다. 그러므로 설교 서론에서 청중의 주의를

끌려고 최선을 다하라. 하나님이 주신 창의력으로 청중의 주의를 끄는 방법을 창조하라.

둘째, 이해시키라.

청중이 설교의 서론에서 주의를 집중하게 되었다고 판단되면, 이제는 청중에게 설교자가 전하고자 하는 내용을 이해시키라. 중요한 것은 이해를 시켜야 한다는 사실이다. 다시 말해서 이해를 시켜야 할 쪽은 청중이 아니라 설교자이다. 그런데 얼마나 많은 설교자들이 청중에게 진리를 이해시키지 않고, 즉 '청중이 이해를 하든지 말든지 단지 나는 외칠 뿐이다.' 하는 식으로 설교를 하고 있는가? 이런 태도로 설교하면 청중이 설교를 이해할 확률이 매우 희박하다는 것을 기억해야 한다. 설교자의 말을 잘 이해시켜야 청중이 자신들의 삶을 변화시키려 시도해보지 않겠는가?

청년이 별로 없는 대형교회에서 예배를 드린 적이 있다. 예배를 드리면서 나는 깜짝 놀랐다. 목사의 설교가 뜬구름 잡는 식의 설교, 안개 속에 싸인 희미한 물체를 바라보게 하는 식의 설교였다. 신앙의 연조가 깊지 못한 사람들에게는 알아듣기 힘든 언어와 문장으로 된 설교였던 것이다. 현실과도 너무 동떨어지고 청중에 대한 인식도 너무 부족한 설교였다. 청년들이 모이지 않는 이유가 여기에 있음을 발견하였다. 청중을 존중하고 배려해주는 의식이 없고서는 설교를 잘 전달하여 이해시킬 수 없다. 청중을 이해시키려는 진지함이 있을 때 설교가 발전한다는 사실을 기억하라. 좀더 알아듣기 쉽고 구체적이어야 한다. 설교자로부터 설교가 시작되는 것이 아니라 청중의 관점과 수준으로부터 시작되어야 함을 기억하라.

셋째, 동의를 구하라.
우리의 설교가 시작부터 청중의 주의를 사로잡고 또 그들에게 설교를 충분히 이해시킨다면 이는 매우 고무적인 진행이다. 그러나 그들을 이해시킬 뿐만 아니라 설교 내용에 동의하게 만드는 설교를 해야 함을 잊지 말라. 딱딱한 논문 발표나 강의 전달식으로 이해만 시킨다고 해서 바람직한 설교가 되는 것이 아니다. 정작 중요한 것은 그들로 하여금 고개를 끄덕이도록 설교를 전개해나가야 한다는 사실이다.

서론에서 동의했지만 본론에서 동의하지 않는다거나 혹은 본론에서 이해하고 동의했지만 결론에서 동의하지 않는 설교라면 무슨 소용이 있겠는가? 청중이 설교에 동의하지 못하면 결국 태도 변화를 위한 결단이 이뤄지지 않는다. 그러므로 우리의 설교는 청중을 이해시키는 차원에서 끝나서는 안 된다. 이해의 차원을 넘어서 그들이 설교를 들으며 '그렇습니다. 하나님!' 하고 동의하게 해야 한다.

그러므로 우리의 설교에는 청중의 동의를 얻어내려는 분명한 목적이 세워져야 하며, 청중이 자신들의 입장에서 이해하고 받아들일 수 있도록 세심한 배려가 담긴 설교를 전해야 한다. 동의를 얻지 못한 설교는 아무런 효력을 발휘할 수 없다는 것을 기억하라. 그러므로 동의를 얻어내려는 목표를 세우고 그 목표를 달성하려고 노력하라(청중의 동의를 얻어내는 데 필요한 실제적인 방법에 대해서는 나의 책 「설교자가 꼭 명심할 9가지 설득의 법칙」을 참조하라).

넷째, 기억에 오래 남게 하라.

청중이 설교를 들으면서 주의를 집중하고 그 내용을 충분히 이해하고 동의한다면 이는 괜찮은 설교이다. 물론 그렇다고 효과적인 설교가 되는 것은 아니다. 한 걸음 더 나아가서 설교가 청중의 마음속에 분명히 기억되도록 만들어야 한다. 청중이 설교를 분명히 기억해야 그 기억한 말씀을 통해 영적으로 자라날 수 있기 때문이다. 받은 말씀을 기억해야 결단으로 이어질 수 있다. 받은 말씀이 무엇인지 기억하지 못하게 된다면 설교의 효과는 기대할 수 없는 것이다.

그러면 어떤 설교들이 그 내용을 금방 잊어버리게 만드는 설교인가? 핵심이 없는 설교, 주제가 분명하지 않은 설교, 여러 아이디어를 한꺼번에 주입시키려는 설교 등은 청중들이 교회를 나서기도 전에 잊혀지고 마는 설교이다. 또한 도전을 주지 못하는 얄팍한 설교도 청중들은 금방 잊어버리고 만다. 설교자 자신조차도 금방 잊고 만다. 강한 도전을 주면 그만큼 인상깊은 설교, 잊지 못하는 설교가 된다. 그러므로 설교를 듣고 청중들이 오랫동안 기억하게 만드는 인상깊은 설교를 전하려고 노력하라.

다섯째, 행동으로 옮기게 하라.
청중들이 진리를 이해하고 동의하며 또 선명히 기억하게 된다 해도 기억한 그 내용을 행동으로 옮기게 하는 단계가 없이는 여전히 불완전하다. 설교의 목적이 태도나 행동에 변화를 가져오게 하는데 있다면, 주의를 집중시켜 진리를 이해하고 동의하게 하며 동시에 잘 기억케 하여 마침내 결단하게 만드는 것이 중요하다. 그러기 위해서는 무엇보다 강력한 깨달음, 강력한 도전, 강력한 자극을 줄 수 있는 내용을 전해야 한다. 행동으로 옮기게 하기 위해서 말이다.
결국 우리의 설교는 즉흥적인 결단만을 내리게 만드는 설교가 아

니라 가슴속으로부터 감격이 우러나게 하는 도전적인 설교가 되어야 한다. 설교의 목표가 낮으면 청중이 결단하기 어렵다. 설교의 목표가 너무 앞서면 청중이 따라가기 힘들다. 그러므로 실천에 옮길 만한 적당한 목표를 세우되 반드시 행동에 옮길 만한 자극이 깃들게 설교하라.

무릎으로 설교의 힘을 키우라
기도의 양은 설교의 능력에 비례한다

설교에 왜 무릎이 뒷받침되어야 하는가?

지난 '97년 10월에 개최된 연신 목회자 포럼의 주제는 '한국교회 설교 진단'이었다. 이 강의에서 김종렬 목사는 한국교회 설교의 총체적 위기를 강조하였다. 그 위기의 원인들 가운데 가장 큰 것은 설교자 자신에게서 비롯된 문제였다. 실로 충격적이고도 놀라운 사실이다. E.M. 바운즈도 「설교의 능력은 기도에 있다」(도서출판 하나)라는 그의 책에서 "설교의 가장 큰 장애 요인은 설교자에게 있다."고 천명하였다. 아무리 열심히 설교해도 변화되지 않고 삶의 탐스런 열매를 맺지 못하는 성도들을 바라보며 설교자들은 참담할 뿐이다.

이처럼 우리의 설교가 권위를 잃고 허약해져가는 것은 설교의 기술이 부족하기 때문만은 아니다. 전달방식이 구식(old style)이거나 신학지식이 모자라기 때문만도 아니다. 다듬어지고 완성된 인격 속에서 흘러나오는 설교가 없기 때문이다. 거룩함과 신실함에 있어 위대하고, 사랑에 있어 위대하고, 믿음에 있어 청중을 감동시킬 만한 위대한 설교자의 모습이 드러나지 않기 때문이다. 청중들은 "설교자 당신이나 나나 똑같은데 무얼 그리 열을 내면서 가르치느냐?"란 태도로 설교를 대한다. 근본적인 설교자의 변화가 없는 한 청중들에게 감동을 줄 만한 설교는 더 이상 기대할 수 없게 되었다.

결국 우리 설교의 총체적 위기는 기술이나 지식의 문제보다 설교자 자신의 문제에 있다. 이는 설교자 자신이 새롭고 더 나은 수준으로 발돋움하지 않으면 청중을 감동시킬 메신저로 쓰임받을 수 없다는 뜻이다. 그러므로 자신의 전인격적 수준을 높이는 것이 급선무다. 이를 위해 설교자는 자신의 설교가 바로 자기 자신을 향한 가장 강력하고도 날카로운 도전이 되게 해야 한다. 설교자가 가장 어렵고도 섬세하며, 힘겹고도 철저하게 벌여야 할 싸움은 바로 자기 자신을 상대로 한 것이어야 한다. 우리는 설교를 만드는 사람이 아니라 사람을 만드는 사람이라는 사실(하나님께서 설교자를 통해서 하시지만)을 기억한다면, 자기 자신을 먼저 올바로 돌아보는 사람이 되어야 한다.

그러면 어떻게 해야 우리의 설교가 설교자인 나 자신을 향한 날카로운 설교가 되게 만들 수 있을까? 무엇이 우리 자신을 새롭게 한 차원 더 높게 끌어올려 줄까? 그것은 바로 기도이다. 결국 기도가 사람을 만들고 변화시키며, 설교자 자신을 향한 날카로운 도전이 되는 설교를 낳는다. 자신의 부족함을 깨닫는 데 철저한 기도, 자신의 게으름을 날카롭게 발견하려는 기도가 있는 설교자가 인격이 새로워지고 설교도 인격이 담긴 내용을 만든다.

　나는 한동안 기도를 게을리했다. 그랬더니 학교 강의중에 종종 헛말이 튀어나오기도 했다. 목회자 세미나에서 감동을 주고 도전을 줄 만한 내용이 줄어드는 것을 느꼈다. 나 자신도 모르게 영적인 사람에서 세속적인 사람으로, 다듬어진 인격에서 흐트러진 인격으로 바뀌는 것을 보았다. 아찔했다. 아내와 이 문제를 진지하게 상의했다. 깊은 기도가 뒷받침되지 않았다는 데 공감했다. 참으로 두려웠다. 깊은 기도가 없는 강의, 깊은 기도가 뒷받침되지 않는 설교, 무릎으로 하지 않는 목회를 쓰시지 않는다는 하나님의 경고였다. 자

신을 살피는 예리한 통찰력이 담긴 기도는 설교자 자신을 변화시키고 청중을 변화시키고 성도들을 변화시킨다.

무엇을 어떻게 기도해야 할 것인가?

그러므로 성언의 대언자여, 하나님 앞에 무릎을 꿇어라. 그러나 형식적이고도 공식적인 짧은 기도는 설교자 자신을 바꾸지 못한다. 성도들을 감동시킬 만한 설교를 만들어내지도 못한다. 깊은 기도만이 설교자 자신을 변화시킬 수 있으며 설교에 힘을 담을 수 있다. 기도 속에서 하나님의 사랑을 느낄 수 있고 자신의 허물을 낱낱이 볼 수 있다. 이렇게 될 때 비로소 설교자가 변한다.

유학생활을 마치고 귀국하여 참으로 오랜만에 한 친구 목사를 만났다. 그는 신학교 다니던 그때의 모습 그대로였다. 영적으로나 인격적으로 이전보다 더 자란 모습이 아니었다. 이제는 버젓한 중견 목사가 되었는데도 말이다. 나는 깜짝 놀랐다. 그 순간 "나도 혹시 남들에게 저렇게 비쳐지지는 않을까?" 하는 걱정에 흠칫했다.

그러나 어떤 친구는 매우 많이 달라져 있었다. 말하는 것과 사람을 대하는 태도에서 예전과 달랐다. 목사로서 품위가 있었고 신뢰할 만한 인격과 영적 힘도 지니고 있었다. 겸손했지만 아무도 함부로 대할 수 없는 영적 권위가 있었다. 게다가 그는 감동적인 설교자로 앞서가는 목사였다. 얼마나 귀한 일인가. 이 모든 변화가 어떻게 일어났는가? 그는 기도의 사람이었다.

성도들을 감동시킬 만한 설교를 만들어내는 능력은 기도에서 나온다. 기도 속에서 우리는 자신의 허물을 낱낱이 볼 기회를 갖게 된다. 기도 속에서 우리 자신의 허물을 발견할 때마다 창피하여 고개를 들 수 없을 만큼 큰 고통을 느끼기도 한다. 오랫동안 목회자의 길을 걸어왔어도 자신 안에 여전히 벗겨지지 않은 세속적인 때를 보며 "왜 나는 아직도 이렇게 세속적인 설교자인가?" 하며 분통을 터트릴 수 있어야 한다. 변화되지 못한 자신을 보고 땅을 치며 통곡할 수 있어야 한다. 기도 속에서 성도들의 삶의 문제가 무엇인지 깨달아지면 그들이 안타깝게 여겨지고 결국 그들을 위해서 간절히 기도하게 된다.

어떤 기도가 이렇게 목회에서 신실하고 설교에서 감동적이며 인격을 성숙하게 만드는 기도인가? 깊은 기도뿐이다. 형식적이고 짧은 기도는 결코 이런 기도의 맛을 보게 할 수 없지만, 깊은 기도는 설교자 자신을 바꾸며 설교에 힘을 더하고 성도들과 세상을 향해 그리스도의 심장을 갖게 한다.

우리는 깊은 기도 속에서 무엇을 기도해야 하는가? 여기 우리 설교자 자신의 회개와 영적 회복을 위한 기도 제목들이 있다(아래의 질문들은 바운즈의 책 「설교의 능력은 기도에 있다」에 나오는 내용을 편집한 것이다).

1. 칭찬과 높은 지위를 갈망하는 설교자가 스스로 아무 명예도 취하지 않으시고 종의 형상으로 오신 그분을 전할 수 있겠는가?
2. 교만하고 허영심이 가득한 사람이 온유하고 낮아지신 예수님의 인격을 전할 수 있겠는가?
3. 정욕적이고 이기적이며 세상적인 사람이 허영을 멀리하고 세상에 대해 십자가에 못박힐 것을 명령하며, 오래 참음과 자기 부인, 부드러움

으로 가득찬 믿음의 세계를 전할 수 있겠는가?
4. 돈을 헤아리는 탐욕스런 사람이 자기 생명을 버릴 것을 요구한 주님의 명령을 전할 수 있을까?
5. 학위에 매달리는 설교자들에게 그리스도와 바울의 정신을 가지고 요한 웨슬리처럼 "나는 내가 받은 세상의 인정을 배설물과 찌꺼기로 여긴다. 나는 그것을 거리의 진흙구덩이처럼 여긴다. 나는 그것을 갈망하지도, 추구하지도 않는다."라고 말할 수 있겠는가?
6. 풍족함을 추구하는 습관적인 목회생활을 하면서 자신의 생명까지 주신 그리스도를 닮는 희생의 삶을 살자고 감히 외칠 수 있을까?

위의 질문들은 결국 설교자가 지금 어느 자리에 있으며 어떻게 얼마나 달라져야 하는가에 대한 기준을 제시해준다. 자신의 세속적인 모습을 도려내고, 하늘로부터 신령한 것들을 채우기 위한 몸부림이 깊은 기도 속에서 이뤄지면, 하나님께서 그 사람을 쓰실 것이다.

기도해야 하는 내용들

1. 자신 속에 있는 세속적인 요소를 분리해내기 위해 기도하라.
2. 설교 전에 먼저 하나님께로부터 말씀을 받기 위해 기도하라.
3. 진지하게 말씀을 연구하기 전에 말씀을 깨닫고자 하는 간절함으로 기도하라.
4. 세상에 속하지 않으면서도 세상을 사랑하는 마음을 넓히고자 기도하라.
5. 사건이나 사물을 그리스도의 심장으로 분석할 수 있는 통찰력을 갖고자 기도하라.
6. 형식적이거나 짧은 기도가 아닌 정성이 담긴 깊은 기도를 하라.